大川隆法
Ryuho Okawa

事業の限界を
突破する法

未来創造のマネジメント

Future-Creating Management

まえがき

今、とても大切な経営の本だと思う。普遍的《ふへんてき》な理論と、実戦で使い込まれた方法論とがミックスされて、ある種の芳醇《ほうじゅん》な香りをただよわせている。

ある意味で、経営思想家としては、私自身が、国家経営レベルまで成長していこうとしている、一つの節《ふし》の部分を取り出すのに成功していると思う。

幸福の科学系企業のみならず、不況で苦しんでいる、世の多くの企業経営者の「死中に活」を求めるための一書となることを願っている。

二〇一〇年　十月六日

立宗満二十四周年記念日に

幸福《こうふく》の科学《かがく》グループ創始者兼総裁《そうししゃけんそうさい》　大川隆法《おおかわりゅうほう》

未来創造のマネジメント

◆目次◆

第2章 デフレ時代の経営戦略

――「新しい価値」を創造するために

第3章 大きな仕事をこなすコツ

――リーダーの意思決定は、いかにあるべきか

第4章　発展する組織について

――個人の限界を超えて発展する方法

第5章　不況は、こう迎《むか》え撃《う》て!!

――苦難を勝利に変える努力を

本書は、幸福の科学の経営者研修のために行った説法をとりまとめ、加筆したものです。

第1章

未来創造のマネジメント

――「創造する経営者」の条件とは

1

経営は「創造性の高い仕事」である

今の時代環境《かんきょう》を見ると、経営者向けの教えには、かなりのニーズがあるのではないかと思います。

もちろん、経営者に限らず、少なくとも実業に携《たずさ》わる人であるならば、「この時代環境の変化のなかで、どうやって生きていくべきか」ということを、しっかりと勉強しなければいけないでしょう。そういう時期が来ているのです。

その意味では、経営やビジネスに関して勉強する機会を、これから、どんどん増やしていかなくてはならないだろうと思います。

そこで、本章では、まず、「創造する経営者」というテーマについて、私の考えを総論的に述べていきたいと思います。

今、私の仕事は、本を書いたり人前で話をしたりすることが中心になっています。これは一般的《いっぱんてき》には「創造性の高い仕事」と捉《とら》えられています。私は、若いころから、そういうことには興味も関心もありましたし、その方面の才能を持っているとも思っていました。

ただ、当時は、ビジネス系の仕事、すなわち、ビジネスや経営の世界での仕事を、それほど創造性に富んだ仕事とは考えていませんでした。

若気《わかげ》の至りと言えば、それまでかもしれませんが、そういう仕事について、「毎日、忙《いそが》しそうに判断したり交渉《こうしょう》したりすることはあるのだろう」と思ってはいたものの、創造性はないように見えていたのです。

本を書いたり意見を発表したりする仕事には創造性があるけれども、ビジネス系の仕事には創造性はないのだろうと思っていたわけです。

その証拠に、経営者で本を書く人は、ほとんどいません。まれにいますが、百人に一人もいないぐらいですし、「経営者でありながら、本を書いたり、言論人まがいの発言をしたりし始めると、だいたい会社が傾《かたむ》く」とよく言われています。

結局、人間は、通常、その二種類の才能を持ってはいないので、経営者が会社の外で文化活動のようなものをあまりやりすぎると、会社が傾いてくるのです。若いころの私は、「会社の経営に専念している人には、物書きのまねはできないものだ」と思っていました。

ただ、私は、企業《きぎょう》の経営者ではないのですが、幸福の科学という宗教を設立し、二十数年、組織を率いてきました。その感覚からすると、「なるほど、経営者的な仕事も、ずいぶん、創造性を使うというか、創造性を消費する仕事なのだな」ということを感じています。

作家は一生懸命《いっしょうけんめい》に考えて筋書きを思いつきます。推理作家であれば、トリックを思いつきます。また、短編を書く人であれば、よい文章、生き生きとした文章を、ひねり出して書きます。

このようなことは、経営者の場合、例えば、人事に関して、「この人を、ここに使えば、うまくいくのではないか」ということを、本当にじっくりと考え、それにエネルギーを費やしたりすることに当たります。

あるいは、問題が起きたときに、「この問題を、どう解決するか」ということを、三日三晩、ウンウンとうなりながら考え、「この一手で解決するのではないか」と思って、その手を打ったり、業績が悪化しているときに、「悪化した業績を、どうしたら立て直すことができるか」ということをよく考えて、それを行ったりする仕事になるわけです。

もっとも、その際の苦しみは、ほとんど、頭のなか、心のなかだけの苦しみなので、外部からは、よく分かりません。

しかし、それに対する採点というか、〝通信簿《つうしんぼ》〟は、やがて、半年後か一年後、あるいは五年後か十年後に、会社の業績として出てきます。

したがって、「人知れず苦しんで、卵を産む」というかたちになるわけですが、そういうことに喜びを感じ、人生、意気に感じて経営者をしている人も、世の中にはたくさんいるのです。

会社そのものは、規模の大小を問わなければ、百万社も二百万社もあるでしょうから、それぞれのところで、それぞれの苦しみを感じながら、創造をなしている人が多いのだろうと思います。その意味では、たとえ小なりといえども、経営者は、創造的な仕事をしているのだと言えます。

2 創造的でありたければ勉強せよ

まず経営者自身が勉強しなくてはならない

創造的な仕事とは、要するに、昨日《きのう》まではなかったものを創り出す仕事です。あるいは、「停滞《ていたい》している状態から脱皮《だっぴ》して、どの方向に行くか」ということを考える仕事です。そのなかには、すでに古くなったものを捨てたり破壊《はかい》したりして、新しいものを創り上げていく仕事もあります。

経営は、結果的には、実績のみで勝負することになります。決算書や世の中の評判など、実績のみで勝負する仕事なのです。

それは、ちょうど相撲《すもう》の何勝何敗のようなかたちで結果が出てくるものであり、「結果だけで勝負する」ということなのです。したがって、出た結果については受け止めなくてはいけません。赤字が続けば、当然ながら、解任され、追い出されます。あるいは、会社が倒産《とうさん》の憂《う》き目に遭《あ》います。

その反面、経営者ともなると、自由性はあって、「何を考え、どうするか」ということに関して、かなり広範《こうはん》なキャパシティーのようなものが許されているのです。

ただ、いったん社長になると、意見を言ってくれる人はいなくなるので、すぐ〝お山の大将〟になってしまい、「自分では、間違《まちが》っているところや改めるべきところが、なかなか分からない」ということがあります。

部下は、やはり、社長の間違いを指摘《してき》しません。毎日、「社長、間違っていますよ」と言い続けて、クビがつながる人はいないため、思っていても言えないものです。そこで、遠回しに言ったりするのですが、〝お山の大将〟は、全然、聞く耳を持っていないので、それが分かりません。そのため、部下は社長の間違いを、だんだん言わなくなるのです。

その傾向《けいこう》が強くなってくると、だんだん、悪い意味でのワンマン型になり、イエスマンしか周りにいなくなってきます。周囲が〝太鼓《たいこ》持ち〟ばかりになってくるのです。その結果、危機に弱くなり、曲がり角で会社が倒産するかたちになることが多いわけです。

千人や万人規模の企業《きぎょう》であろうと、十人規模の企業であろうと、トップは、けっこう、その世界のなかではオールマイティーであり、スーパーマンなので、当然、うぬぼれもありますし、名誉心《めいよしん》もありますし、自画自賛もあります。しかも、小さい企業の経営者ほど自画自賛が強いのです。

経営者はスーパーマンのつもりでいるため、なかなか、人の意見を聞くことができないわけです。

では、経営者が、「創造する経営者」として、時代環境《かんきょう》が変わっていくなかで生き延びていくためには、どうすればよいのでしょうか。

基本的に、「経営者は、人の言うことをきかない種族だ」と見て間違いはないので、まず、自分で勉強をすることを中心にしたほうがよいと思います。

自分で勉強する分には、プライドは傷つかないでしょうし、納得もいくでしょう。自分が勉強して、「このやり方のほうがよい」「新しく、こうしたほうがよい」などと思うのならば、そうすればよいのです。

ところが、経営者が、まったく勉強しないでワンマン経営を行えば、やがて会社は潰《つぶ》れます。それだけのことです。

また、ワンマン経営ができる会社には、優秀《ゆうしゅう》な人は少ないので、「社員に意見を求めても、大した意見は集まらない」ということも社長の本音ではあります。

そういうことがあるため、まずは経営者自身が勉強するところから始めなくてはいけないわけです。

会社を「学習する組織」に切り替《か》えよ

厳しいことですが、人間には、どうしても、能力の面で、すぐに行き詰《づ》まってくるところがあります。そして、それ以上の仕事ができなくなるのです。

今持っている知識と経験だけで仕事をしていると、すぐに、それを使い切ってしまい、新しいアイデアが何も思い浮《う》かばなくなるため、次の手が打てません。

したがって、トップは、創造し続けるために、学習し続けなくてはいけないのです。勉強し続けることによって初めて、企業を今と同じぐらいのレベルで維持《いじ》することができます。また、ずっと勉強し続けているからこそ、新しい刺激《しげき》が得られ、種やアイデアが涸《か》れることなく、長く仕事ができるわけです。

創造的な企業となるために

- トップが、学習し続ける
- 会社そのものを、「学習する組織」に切り替える（幹部や従業員にも、学習する習慣を身につけてもらう）

そして、会社が大きくなれば、トップ一人が勉強するだけでは駄目《だめ》で、会社そのものを、「学習する組織」に切り替《か》えていかなくてはなりません。幹部や従業員にも、学習する習慣を身につけてもらわなくてはならないのです。それによって、一人ひとりの能力が上がり、全体の力も上がってくるわけです。

一人ひとりの能力を上げずに会社だけが発展した場合、どうなるかというと、トップや幹部、従業員が、みな、落ちこぼれてしまいます。

「会社の売り上げが増える」「新しく工場ができる」「支社ができる」「海外に店が出る」など、

「会社が発展する」ということには、いろいろなことがあるでしょうが、トップであろうと、幹部であろうと、従業員であろうと、能力が現状維持であれば、落ちこぼれるのです。

会社が発展しても、それまでと同じ実力を発揮するためには、やはり、学習を続け、力をつけていかなければなりません。それを肝《きも》に銘《めい》じておかないと、たちまち行き詰まってしまうのです。

「進化する企業《きぎょう》」以外は生き残れない

残念ですけれども、人間の頭の中身は、すぐに古くなります。古くなるのは、学校で勉強した知識だけではありません。自分の経験もまた古くなるのです。

トップであれば、成功体験を非常に大事にしていると思います。それはそれで、よいことです。しかし、その成功体験も古くなります。「かつて、これで成功した」ということを、何度やっても、成功しなくなる時期が来るのです。

不思議なのですが、ある業界のなかで、どこかがやって、うまくいったことは、すぐに、よそもできるようになります。研究され尽《つ》くし、どんどん進化していくため、同じことを何度もやっては駄目なのです。

したがって、「進化する企業」以外は生き残れません。淘汰《とうた》されます。弱肉強食と言えば、そのとおりですし、市場原理と言ってもよいのですが、厳しいけれども、淘汰されていきます。

経営トップの慢心《まんしん》のツケは何かというと、淘汰されること、要するに、企業が潰れることなのです。

企業が潰れるのは非常に悲しいことです。経営者自身も失業しますし、従業員も失業します。「こんなによい仕事をしたのに、潰れるとは」と、天を恨《うら》みたい気持ちや、「神も仏もあるものか」という気持ちになるかもしれません。

しかし、神も仏もあるのです。神も仏もあって、潰れているのです。なぜ潰れているのでしょうか。悲しいことですが、役に立たなくなっているからです。他に、よいものが数多く出てきて、それで用が足せるようになってきたため、「残念だが、あなたをうぬぼれさせておくためだけに、今後、何十年も、あなたの会社を存続させておくことはできない」ということになるのです。

厳しいけれども、これは愛のムチなのです。

企業の〝遺伝子〟が時代から取り残されており、考え方がもう古くなっているのです。そのため、悲しいことに、新しいものに取って代わられるのです。

そうならないようにするため、人材豊富な会社では、トップが四年ごととか六年ごととかで替わり、やり方を変えたりします。しかし、それほど人材が豊富ではない会社が多いので、トップは死ぬまで替わらないのが普通《ふつう》です。そうなると、トップ自身が、自己反省をして自分の頭の中身を変えないかぎり、新しい時代に対応するための変化ができないのです。

悲しいことですが、トップは自分で自分の〝葬式《そうしき》〟を出さなくてはいけません。過去の自分、成功した自分の自己像に〝葬式〟を出さなくてはいけないし、また、過去に対して、「失敗した」と思って悔《く》やんでいる自分の〝葬式〟も出さなくてはいけないのです。

「過去の成功が今も成功かどうか」ということは分かりませんし、「過去の失敗が今の失敗かどうか」ということも分からないのです。

それは、経営者自身にも言えることですし、幹部、重役にも言えることです。過去に手柄《てがら》を立てた幹部であっても、すでに古くなっていることがあります。イノベーションができない人、自己変革ができない人は、どんどん古くなり、使えなくなっていくのです。

これは、実に厳しいことです。しかし、「これも一種の愛なのだ」と思わなくてはいけません。そうやって切磋琢磨《せっさたくま》していくことで、役に立たなくなったものは滅《ほろ》びていくのです。

これが自分のことであれば、なかなか、あきらめ切れないでしょうが、例えば、薬のことを考えてみればよく分かります。

非常に効き目のある新薬が発売されたあとで、古い薬を使う人はいるでしょうか。やはり、いなくなります。よく効く新薬が出たら、誰《だれ》もがそれを使うようになるのです。

製薬会社が生き残るためには、今までと違う薬、もっとよい薬を考え出し、それを数年以内に売り出さなければなりません。それができなければ、それは、その製薬会社が潰れることを意味しています。

まことに厳しいことですが、しかたがありません。

あるときの成功が失敗につながることもある

あるときの成功が、やがて失敗につながることもあります。

昔、アメリカの自動車業界に、「T型フォード」という車が登場しました。その車は、「労働者の給料で買えるようにする」という考え方に立つものでした。そのためには価格を安くしなくてはいけないので、すべてが、同じ形で同じ色、すなわち黒ばかりであり、違うのはナンバープレートの数字だけでした。

それでも、「労働者の給料で車が買える」というのは、非常に革命的なことだったので、最初は、とてもよく売れたのです。

ただ、人々は、やがて、その車に飽《あ》きてきます。当然のことです。

しかし、「車の価格を下げ、労働者が買えるようにする」という哲学《てつがく》を持っていると、どうしても車種を多様化することができません。自動車業界の英雄《えいゆう》フォードは、その考え方を捨てることができなかったため、彼の会社は、やがて傾いていきました。

今から見ると、「誰もが真っ黒の車ばかりに乗っている」という状態には、やはり異常性がありますが、昔は、流れ作業で生産して効率を上げるためには、車の形や色は同じでなくてはいけなかったのです。

ところが、今、トヨタ自動車では、一つの工場のなかで、いろいろな車をつくっています。「こんなことが本当にできるのだろうか」と思い、唖然《あぜん》とするほどです。

私は実際に愛知県のトヨタの工場を見に行ったことがあるのですが、本当に驚《おどろ》きました。生産ラインで、ベルトコンベヤー風に車が流れてくるのを見ていると、毎回、車種が違います。それにもかかわらず、生産ラインにいる人たちは、それぞれの車にきちんと対応しているのです。

「なぜ、こんなことができるのだろう」と思い、不思議と言えば不思議な感じがしました。これができるのであれば、同じ形の黒い車しかつくれないところは、やはり敗れるでしょう。そう思います。

フォードに対してGMが採った戦略とは

フォード対GM（ゼネラルモーターズ）の戦いは〝大昔〟にもありました。

当初、GMは何種類も車種を持っていたのに、ワンパターンのフォードに押《お》しまくられ、倒産しかかっていました。そのときにGMを立て直した人は、どうしたかというと、中古車市場に目をつけたのです。

フォードのようにワンパターンの車をつくれば価格は安くなるのですが、やがて飽きられるのは分かっています。一方、価格の安い市場として中古車市場もあります。中古車は安いので、労働者でも買うことができます。

「バラエティーのある車を中古車市場に出せば、ワンパターンのフォードに勝てるのではないか。一年後などに中古車として売るとき、非常に売りやすく、また、修理やメンテナンスのしやすい車を開発すれば、フォードのように爆発的《ばくはってき》な売れ方はしなくても、あとから、じわじわとシェアが取れるのではないか」ということを、GMは考えたのです。

そのとおりです。収入の少ない人たちにとっては、よい車に乗れるのであれば、それが中古車であっても構わないので、中古車市場に、いろいろな種類の安い車が出回るようになると、今度はフォードが負け始めました。

かつて、このような手を考えた人もいたのです。

フォードが、「大衆が車を手に入れるためには、車は、どうしても安くなくてはいけない。安くするためには、ワンパターンの規格の車を大量生産する以外にない」と考えたのに対して、GMは、「一年後の中古車なら安くできる。中古車になるものと最初から考えて、中古車市場で売れるような車をつくり、種類を分ければ、いろいろな人が買ってくれる」と考え、フォードに勝ったのです。

経営哲学というものは、とてもよいのですが、このように古くなることがあります。経営者の頭から離《はな》れなくなると、なかなか変えられなくなってくるのです。しかし、時代環境は変わるので、経営哲学も常に研究していかなくてはなりません。

車は、かつては実用品であり、馬車の存在を脅《おびや》かすものでしたが、その後、嗜《し》好品《こうひん》となって高級志向が生まれるなど、車の役割は、いろいろと変わってきています。それを読み取れなくてはいけませんが、過去の統計のようなものばかりを見ていても分かりません。

それを読み取る力を得るには、常に新しいものを見続ける目が必要なのです。

常に勘《かん》を研《と》ぎ澄《す》ませながら、新しい知識や情報を集めよ

日本にも、今、新しい企業が数多く起きてきています。ニュービジネスを起こす起業家たちは、誰もが非常に勉強家です。本も雑誌もよく読んでいますし、さまざまな情報を数多く手に入れています。また、異文化の人、異業種の人からも話を聞いたりして、常に知的刺激を求めています。

アイデアがなければ、どのような企業であっても、新しく始めて成功することはできないので、まず、スタート点においては、「アイデアが豊富である」というのは非常に大事なことです。

そして、そのためには勉強が大事です。

勉強をするに当たっては、決して、「学校秀才《しゅうさい》であればよい」というものではありません。次々と、いろいろなことが起こるので、やはりアンテナが大事です。

それは、「興味・関心の範囲が、どの程度あるか」ということであり、学校の勉強とは少し違うものがあるのです。

さらに、学校で勉強する内容自体が古くなります。大学の教授が教えているものであっても、その内容は、すでに古くなっています。教授たちは、事後処置というか、終わったことについてのコメントは出せるのですが、今起きていることについての意見は出せません。また、将来起きることについても言えないのです。

例えば、経済学者に経営ができるかというと、できません。なぜなら、経済学者は過去のことばかりを相手にしているからです。彼らが相手にしているのは、すでに終わったことばかりです。現在ただいまのことについて言えるかというと、言えないのです。

逆に、現在ただいまのことについて言えるのは評論家のほうです。

経済学者は、みな、現在ただいまのことについて発言することを嫌《いや》がります。現在ただいまのことに手を出して失敗すると、それがすぐにばれてしまうので、手を出したくないのです。

また、未来のことについては、「経済学は占《うらな》いではありません」と言います。実際上、経済学者は、現在についても未来についても発言できないのです。

したがって、未来を見ながら現在を改善していくことは、勇気を持った企業家にしかできません。

その際、体系立った学問ではないかもしれませんが、常に勘《かん》を研《と》ぎ澄《す》ませながら、新しい知識や情報を集めていかないと、戦いには勝てないのです。

そして、誰もが動いていくとき、それに乗り遅《おく》れたら、もちろん、大損ですが、「誰もが動いているから」と思って一緒《いっしょ》に動いていても、大損になることがあります。要するに、ニーズがもうなくなっているのです。周りがみな動くときには、だいたい手遅れなのです。

他の人より先に動いたものには、もちろん、先行の利益があります。しかし、「誰もが動いているから、やむをえず自分も動いた」というあたりでは、だいたい、もう、それは要《い》らなくなっていることが多いのです。

したがって、非常に怖《こわ》いものがあります。それほど、「時代を見る」、あるいは、「時代の先を見る」というのは難しいことなのです。

マスコミや銀行などに見る栄枯盛衰《えいこせいすい》

言い古されたことですが、戦後は石炭産業や繊維《せんい》産業などに非常に人気があり、昭和二十年代や昭和三十年代の初めには、優秀な人は、そのようなところに就職したものですが、その後《ご》、それらは、どんどん傾いていきました。時代が通り過ぎていったわけです。

　また、昭和三十年代であれば、マスコミ関係でも、「テレビ局に就職する」と言うと、本当に、この世の終わりのような言い方をされていたはずです。優秀な人は新聞社か堅《かた》い本を出している出版社に行く。そうでない人は週刊誌等の出版社に行き、そこにも入れなかった人がテレビ局に入る。そのような感じでした。

　そして、ラジオ局に行く人のほうが、まだ優秀でした。ラジオ局に入れず、テレビ局に入った人は、この世の終わりのような言い方をされていたのに、その後、メディアとしての力が逆転し、テレビのほうが主流になりました。そのころ、「ラジオ局に入った」と言って喜んでいた人たちは、テレビ局に入った人を、ばかにしていたでしょうが、今では立場が引っ繰《く》り返っているでしょう。

　また、新聞社でも、同じことが起きており、新聞とテレビであれば、テレビのほうが、かなり強くなってきています。

しかし、そのテレビ局も、これからの時代を見ると、決して安泰《あんたい》ではないのです。

今から十五年後に、生き残っているテレビ局があるかどうか、疑問です。もしかしたら、生き残れないかもしれません。少なくとも、地上波のテレビ局は、もう生き残っていないかもしれないのです。もう十年か十五年すると、テレビ局はなくなって、違うかたちになっている可能性は極《きわ》めて高いのです。

新聞も、そのころまで生き残れるか分かりません。インターネットの時代がさらに進むと、新聞は、かなり潰れるかもしれません。その意味では、次の時代は怖いと思います。週刊誌も潰れていきます。どんどん、時代は変わってきているのです。

前述したように、戦後は石炭産業や繊維産業などが流行《はや》っていたのですが、一九七〇年代の後半ぐらいになると、金融《きんゆう》業が非常に盛《さか》んになってきて、銀行は不《ふ》沈戦艦《ちんせんかん》のような感じでした。

学校の成績のよい人で、高給を取り、きれいなお嫁《よめ》さんをもらいたい人は、格の高い銀行に続々と就職していたのです。

その銀行が、二十世紀の末に、倒産や統廃合《とうはいごう》の憂き目に遭うとは、そのころには誰も思っていませんでした。当時は、いわゆるバブルの時代が始まる前であり、その後、高度成長のような感じで、不動産や株など資産の価値が膨《ふく》らんでいったので、誰もが意気揚々《いきようよう》だったと思います。

当時、一流銀行に就職できなくて自殺した学生もいたのです。しかし、自殺せずに、二十年間、生き延びていれば、その銀行がなくなって、「ああ、あそこに就職しなくてよかった。あそこに勤めていたら、今ごろは自殺している」ということになったかもしれません。時代が見えないと、そういうことになるのです。

このように、ある時代に流行ったものであっても、やがて、どんどん廃れていきます。だいたい、ピークが来ると、そうなるのです。

宗教の世界にも切磋琢磨《せっさたくま》や淘汰《とうた》がある

宗教の世界にも、そういうところが少しあります。

一九九二年に私は「宗教戦国時代」と述べましたが、その後、宗教も、やはり淘汰《とうた》されてきています。宗教には、よい宗教と悪い宗教があり、悪い宗教は淘汰されてきているのです。

また、よい宗教と思われていても、古くなったものは、救済力が落ちてきます。そうなると、信者にとっては面白《おもしろ》くないので、信者は、救済力の高い、新しい宗教のほうに移っていきます。

企業の世界とは違うのですが、宗教の世界においても、やはり、そのような変動はあるのです。

そのため、古い宗教は、新しく出てくる宗教を、戦々恐々《せんせんきょうきょう》としながら見ています。古い宗教の側からは、「新しい宗教の人は、現代にマッチした教えを説こうとして、とにかく、よく勉強していますね。特に、企業の研究をよくしていますね」というように見えるでしょう。伝統宗教においては、そういうところが弱いのです。

そして、新宗教同士も、やはり切磋琢磨《せっさたくま》しています。

私が幸福の科学を始めると、ほかの宗教で活躍《かつやく》した人も多く集まってきました。その人たちは、初期の何年間かは非常に役に立ち、活躍したのですが、しばらくすると、当会のオリジナル人材が頭角を現してきて、その人たちと入れ替わったのです。

当会には、始めたばかりのころから、「初めて宗教に入信した」という、宗教のことをよく知らない人も、大勢、来ていました。そういう人たちは、「宗教は、どのようなことをするのか」ということを知らないため、ほかの宗教を経験した人の言動に対して、「ああ、すごいな。宗教のことを、ずいぶん、よく知っているな」と思って、彼らに教えてもらい、ただただ勉強していたのです。

ところが、そういう人たちは、もともとの能力が高かったため、しばらくして一定の学習が終わると、立場が上がっていきました。一方、ほかの宗教から来て当会の幹部を務めていた人たちは、幹部でいられなくなってきたのです。

ほかの宗教から来た人が、当会の幹部として、もたなくなってくるころには、だいたい、その宗教よりも、当会のほうが優勢になっていました。組織そのものの競争力に、完全に差がついてしまっていたわけです。

宗教の世界でも、そういうことがあります。ましてや、一般《いっぱん》の企業の世界では、非常に激しい戦いが繰り広げられているのです。

3 新しいアイデアを生み出すには

「読む」「聞く」「話す」で刺激《しげき》を受け続ける

トップは、あまり怒《おこ》られませんが、その代わり、トップには会社の倒産《とうさん》というものが待っています。その前に、まず、減収減益、赤字決算があり、そして倒産が来るわけです。非常に厳しいことですが、勉強し続けないと、生き残ることはできないのです。

勉強し続ける方法の一つは、前述したように、目を通して読むことです。本や週刊誌、新聞などをよく読んで、情報を取ることが一つです。

もちろん、テレビ番組にも、よいものはたくさんあるでしょう。

経営者が忙《いそが》しいのは分かっていますが、「忙しいなかで、いかにして、精選された情報を取るか」ということが大事です。

これを心掛《こころが》けていないと、アイデアが枯渇《こかつ》しますし、ほかの企業《きぎょう》が行っていることを知らないまま過ごしてしまうことがあるため、まずは、「目を通して、読んだり見たりする」という努力をしなくてはいけないのです。

それから、「聞く」ということもあります。「耳を通して情報を取る」ということです。こうした情報のなかにも、参考になるものはたくさんあります。

特に、あまり受験秀才型《しゅうさいがた》ではなかった経営者の場合には、「読む」ことよりも、「聞く」ことのほうが、効果は大きい場合もあります。

従業員から、それほど参考になるような、よい話が聞けないのであれば、外部の人からも話を聞かなくてはなりません。コンサルタントや高名な先生など、いろいろな人から話を聞いて参考にしたり、同業者や他の経営者などの話を聞いて勉強したりするのです。

これは耳学問です。政治家も耳学問をすることが多いのですが、とにかく耳で聞いて勉強するわけです。

「読む」ということと「聞く」ということが、勉強の主流であり、人によって、どちらかにウエイトがあることが多いのです。なかには、両方ともよくできて、よく読み、よく聞く人もいますが、目か耳のどちらかが優《すぐ》れている人が多いのは事実です。

これは知っておかなくてはいけません。情報を目で取るほうがよい人と、耳で取るほうがよい人と、両方のタイプがあるので、「自分は、どちらが得意か」ということは、多少、知っておいたほうがよいと思います。

話を聞いても、それがあまり印象に残らない人もいます。「あれ？　誰《だれ》と会ったかなあ。誰と話したかなあ」などと思う人もいるのです。こういう人は、「聞く」ことに時間を取りすぎると損をします。

しかし、耳で聞いたことを忘れないような人もいますし、聞いた話の要点をパシッとつかめるような人もいます。こういう人は耳を使うとよいのです。

ところが、聞いたことが記憶《きおく》に残らない人もいて、それでは時間の無駄《むだ》になります。こういう人は、あまり会議に時間を取らず、目で情報を集めることに専念したほうがよいかもしれません。

もちろん、「読む」ということと「聞く」ということ以外に、「話す」ということもあります。

つまり、人と話しているうちにアイデアが浮《う》かぶ人もいます。これは、ちょうど、シャーロック・ホームズとワトソンのようなものです。自分と相性のよい、参謀《さんぼう》のような人と話し合っているなかで、いろいろとアイデアが湧《わ》いてくることもあるのです。

例えば、社長と副社長が話し合いながら、コンビで経営している場合もありますし、その話し相手は、友人など社外の人でもよいわけです。このように、人と話をしながら、アイデアを得て、ヒントをつかむ人もいるのです。

「読む（見る）」「聞く」「話す」ということには、それぞれ特徴《とくちょう》はあるのですが、いずれにしても、じっとしているだけで、外部から何も刺激《しげき》を受けないでいると、自分を変革し、考え方を改めたり新しくしたりすることは難しいものです。

したがって、やはり、何らかの刺激は要《い》ります。目から入るか、耳から入るか、口を使うか、そういう違《ちが》いはありますが、何らかの刺激を常に受け続けないと、新しい発想は生まれないのです。

考え方を変えると、異質な発想が湧《わ》く

少し発想を変え、何かを別のものに置き換《か》えてみることで、新しいアイデアが出てきます。

例えば、からしは水で溶《と》いて食べるものですが、今では、練りがらしがチューブから出てくるものもあります。

あれをつくった人は、朝、歯磨《はみが》きでもしていて、「からしをチューブから出せるのではないか」と思いついたのかもしれません。具体的なことは知りませんが、おそらく、歯磨きのチューブを見て、「これは、からしにも使えるのではないか」という発想をした人がいたのではないかと思います。

また、振《ふ》りかけて使う、ある調味料について、「どうすれば売り上げが増えるか」ということを社員たちが考えたとき、「びんにたくさんある小さな穴を少し

大きくすればよいのではないか」と言う女性がいて、そのとおりに穴を大きくしたら、本当に売り上げが増えたと言われています。

最初に穴の大きさをいったん決めてしまうと、こういうことは、なかなか思いつかないものですが、「少し大きめに穴を開けたら、消費量が増えて、売り上げが増大する」という発想もあるわけです。

このように、身近なもののなかにヒントが潜《ひそ》んでいます。常にテーマを追い続け、考え続けているとき、自分の今の仕事に関係ないものを参考にすると、「あっ、これは使えるのではないか」という異質な発想が湧《わ》くのです。

したがって、常にアンテナを張り、よそのものを見ておかなくてはいけません。「同業種は何をしているか」という、ライバルの研究は、当然、大事なことではあるのですが、「同業種ではない、異質な業種を見て、その業種に固有の考え方を転用する」という考えもあるのです。

例えば、鉄鋼をつくる際には、その途中に、いろいろな段階がありますが、製鉄会社が、そのための設備を、全部、最初からつくっていくと、最終段階まで行くのに、設備投資の期間が何年も必要になります。しかも、その間《かん》は、商品がまったくできないので、回収できないまま資金が寝《ね》てしまうわけです。

ところが、「まず、最終製品の少し前の半製品を加工する工場をつくり、次に、その前の段階の設備をつくる」というように、逆の順序で設備をつくっていくと、お金を儲《もう》けながら設備投資ができます。そして、「鉄鉱石を処理する」という最初の段階の設備を最後につくるのです。

このように、逆につくっていくと、途中《とちゅう》の段階にある半製品のようなものを加工して収入をあげられます。実際、中国で製鉄所をつくるときに、そういうアイデアを出し、それを実行した人がいるのです。

こういう発想は、当然、ほかのところでも使えます。

実は、幸福の科学も、これと同様のことを行っているのです。設備投資をするに当たっては、収入を生むところから先に設備投資をしています。そうすると、あとが楽になるのです。ところが、収入をあまり生まないところから設備投資を始めると、回収期間が長いため、次の投資ができなくなります。早く収入を生むところからつくっていけば、その投資が短期間で回収できるので、次の投資がしやすくなるのです。

「かくあるべし」という考え方だけで行くと、体系的に順序立てて投資を行うことになるのですが、「少ない資金を効果的に使おう」と考えて、代金の回収が早いところから投資していくと、収入があるために、楽になることもあるわけです。

このような考え方は経営の各局面に応用できます。

ところが、どうしても順序立った発想しかできない人が多いのです。特に、何か建設物をつくる人の場合には、たいてい、そうなってしまい、「五年、十年とかけて、土台から順番につくっていこう」と考えるのですが、それでは経営危機に対応できない場合もあります。

しかし、「考え方をコロッと変えることもできるのではないか」ということです。そういう発想も大事なのです。

正反対のアイデアや人材が必要になる時期も来る

ある時点で、「いちばんよい」と思ったアイデアと、「まったく駄目だ」と思ったアイデアがあったとしても、逆風が吹《ふ》くと、評価が正反対になることもあります。

人材の使い方も同じです。

例えば、バブル期に優秀な人材だった人が、バブル崩壊《ほうかい》期にも優秀かというと、たいていは駄目になります。バブル期の十年間に、味をしめ、出世した人、成績を上げてきた人は、バブル崩壊期になっても、自分のやり方を、なかなか、すぐには切り替《か》えられません。そのため、人材として落ちこぼれるのです。

ところが、バブル期には、異端《いたん》の人材で、「反対ばかりしていて役に立たないから、どこかに引っ込《こ》めておけ」と言われ、隅《すみ》のほうに追いやられていた人が、バブル崩壊期になって登用されると、よく仕事ができたりします。その人にとってみれば、「だから言ったでしょう」ということになるわけです。

こういうことがあるので、人材の登用においても、「考え方を変えていく」ということは非常に大事です。これができないといけないのです。

経営においては、そういう目を常に持っておかなくてはいけません。今は、これでよくても、時代が変われば、正反対になることもあるので、そのとき、どうするかが大事です。こうした考え方のできる頭が必要なのです。

したがって、常に、新しい情報を得なくてはいけませんし、そのためには、や

新しいアイデアを生む方法

● アンテナを張る

・興味関心の範囲を広げる

● 新しい知識・情報を集める

読む	本や週刊誌、新聞などを読む
聞く	従業員、コンサルタント、同業者などから話を聞く
話す	話し合っているうちにアイデアが浮かぶ

● 発想を変えてみる

・異業種のものを転用できないか
・小さいものを大きく、大きいものを小さくできないか
・順序を逆にできないか　など

はり、気持ちが若くなければいけません。気持ちが若くないと、柔軟性《じゅうなんせい》がなくなるため、いくら情報が入ってきてもまったく反応しなくなるのです。硬《こう》直化《ちょくか》すると、そのようになってきます。

特に、伝統的な企業、あるいは、従業員数が多くて官僚化《かんりょうか》が進んでいる企業では、考え方を変えることが、とても難しいのです。

ボトムアップ型で、意見などが下から順番に上がってくるようなところの場合、従来型の考え方の人が途中に必ずいるので、新しいものが上がってきても、ほとんど途中で潰《つぶ》されてしまいます。そのため、だいたい似たようなものしか上がってこないのです。

そうならないようにするためには、トップの心の開き方が大事です。

これまでのやり方を破壊し、新しいものを受け入れるような考え方を持たないと、やがて、厳しい状態が訪れるでしょう。

4　企業《きぎょう》が生き残るための戦い方

優先順位の高いものに経営資源を集中投下せよ

経営者にとっては、「護《まも》るべきものは護り、捨てるべきものは捨てる」という考え方が非常に大事です。

当会では、経営の考え方として、特に、「優先順位が大事だ。『一、二、三、四』などと優先順位をつけ、順番にやっていきなさい」とよく言っています。

ただ、これとは逆の発想ですが、やらないものの順位（劣後《れつご》順位）を、いつも考えておくことも必要です。「最後に回すのは、どれか」ということも、優先順位と同時に考えておかなくてはいけないのです。

とにかく、全部を同じように進めては駄目《だめ》なのです。それで優先順位が要《い》るわけですが、優先順位とは逆に、優先しない順位も考えないと、うまくいかないことがあります。なぜなら、経営資源を集中投下しないと、事業は成功しないからです。

いろいろなところの顔を立てると、どうしても総花的になります。

この最もよい例が国の予算です。国の予算では、各省庁の顔を立てるために、いつもバラマキになります。また、「予算をカットする」と言っても、各省庁の予算を均一にカットしますし、増やすときにも均一に増やします。これでは創造性がありません。やはり、優先順位を決めていくことが大事です。

ところが、「今年は○○省に予算を多く出し、ほかの省庁の予算は抑《おさ》えよう」と言えば、他の省庁は怒《おこ》ります。また、「この役所は後回しにしよう」と言うと、その役所は怒ります。これは人間の性《さが》なのです。

しかし、企業《きぎょう》の場合には、生き残りがかかっていて、最後は倒産《とうさん》が待っています。そのため、資金や人材、営業戦力の投入に当たっては、「何を優先するか」ということを考えなくてはいけません。

また、投入しないならしないで、投入しない順序も考えなくてはいけません。いい格好だけをしているわけにはいかないため、「投入しない」という結論も要るのです。

「仕事がうまくいかないので、もっと人をくれ」「もっとお金があれば、もっと仕事ができるので、お金をくれ」などと言う部署はよく出てきます。「社長が陣《じん》頭《とう》指揮を執《と》ってほしい。そうすれば立ち直れる」と言われることもあります。

もちろん、人もお金もあればよいのでしょうが、他の部署とのバランスを考えると、「この仕事は、やめたほうがよい」ということもあるのです。

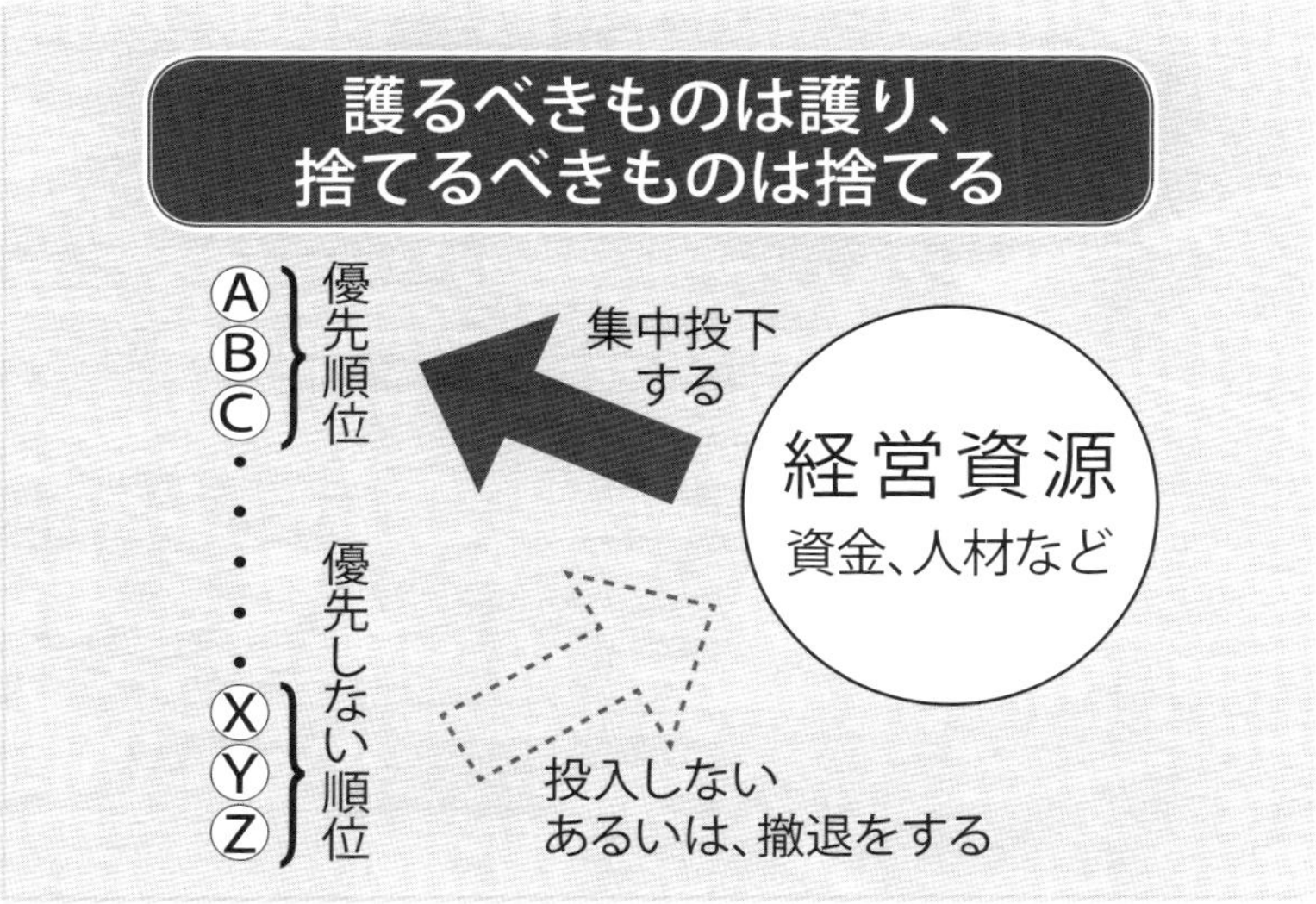

「くれ、くれ」と言っているところでは、赤字だったり、仕事がうまくいかず、同業他社に負けていたりすることがよくあるので、「そもそも、この仕事をやめたら、どうなるのか」という発想もあるわけです。

その仕事をやめれば、その部署の人員や、そこに投入しているお金を、もっと儲《もう》かっているところに投入することも可能なのです。

したがって、「くれ、くれ」と言っているところには、逆に、「人もお金も与《あた》えない」という判断もありえます。さらに、「この仕事は要らないのではないか」という発想も常に持っていなくてはなりません。「今まであったのだから、なくすとかわいそうだ」という考えではいけないのです。

「どの部署も発展したがっているだろうから」と考えて、同じように扱《あつか》っていると、やはり無駄が生じます。「人を与えない」「お金を与えない」「仕事を与えない」という判断もあるのです。一度、これを考えてみないと駄目です。

要するに、総花的、八方美人的な経営は失敗しやすいので、このへんの絞《しぼ》り込《こ》みに関しては経営者の力量が問われます。「ここに全社の経営資源を投下する」と決めることも大事ですが、「やらない」と決めることも大事なのです。

撤退戦《てったいせん》を断行するには勇気が要る

既存《きそん》の仕事をやめることは撤退戦ですが、これは極《きわ》めて難しいのです。

企業のトップは、たいてい〝自信家〟です。「成功した」と思って自慢《じまん》するのは大好きでも、反省したり、懺悔《ざんげ》したり、「こうして私は失敗した」と言うのは大嫌《だいきら》いで、失敗を認めたくありません。どちらかといえば、「成功した話だけをしたい」と考えるほうなので、トップにとって、撤退戦は、やりにくいものなのです。

したがって、撤退戦をするには、かなり勇気が要ります。しかし、真の自信が出てくれば撤退戦ができます。周りの目が気になるうちは、なかなか撤退できないのですが、トップとして真の自信が出てきたならば撤退戦ができるのです。

撤退するには、「これは無駄だ。ここで多くの〝命〟を落とすよりは、戦力を次の戦いに回したほうがよい」というような考え方をしなくてはなりません。

しかし、世間体がありますし、内部の人たちの嫉妬《しっと》感情と平等感情とが邪魔《じゃま》になって、撤退戦は、なかなかできないものなのです。

特に、かつては収入をあげて会社に貢献《こうけん》した部署に対して、「やめる」という決断をするに当たっては、トップにも執着が残ります。

かつての花形で、「わが社を支えてくれた」と思える部署が、今では傾《かたむ》いてしまっていることがよくあります。また、その部署で、かつては会社を支えた人材だったとしても、現在では、仕事がうまくいかず、すでに、十分な能力がない場合もあります。

こういうときには、惰性《だせい》で、その人を定年まで置いておき、「この人が辞《や》めるまでは、この部署を潰《つぶ》せないから、このまま残しておく。そうでなければ、かわいそうだ」というような判断をしがちです。

しかし、それでは駄目なのです。そういう部署を残しておいては、会社が生き残れなくなってしまいます。

人間は、一生のうちに三十年や四十年は企業等に勤めて仕事をするでしょうが、平均して十年ぐらいは、輝《かがや》く期間があるそうです。

ある人が輝いているときに、「その人にとって、いちばんよい仕事」に全力投球してもらうのはよいのですが、輝きを失ったときに、その人をいつまでもそこに置いておくのはよくないのです。

トップは、ある人の仕事が無能レベルに入ったと思うならば、その人をそこに置いておいてはいけません。会社を辞めてもらうか、その人の現在の能力に合った部署に異動させなくてはならないのです。

それを断行できなければ、その人の部下たちが、みな、〝死んで〟しまいます。全然、やる気がなくなり、駄目になってしまうのです。

したがって、ある人が、「無能レベルに達した」と思ったならば、やはり、その人に辞めてもらうか、その人の能力に合ったところに異動させるか、このどちらかを、勇気を持って断行しなければなりません。

特に、今のように、国全体の景気が冷え込み、失業者が溢《あふ》れている、デフレ基調の時代においては、「何を捨てるか」という判断は極めて大事です。辞めてもらう。あるいは外す。そういう考え方が非常に大事なのです。

これをやらない人はお人好しであり、結局、会社を潰してしまいます。これをやらなければいけません。そういう厳しい判断が問われるのです。

あるいは、能力的に限界に達したならば、社長自らが撤退しなくてはいけない場合もあります。「もう駄目だな」と思ったときには、早く社長を辞めなくてはならないこともあるのです。

例えば、ビル・ゲイツは起業の英雄《えいゆう》のような人でしょうが、当会の支援霊団《しえんれいだん》のなかには、一九九〇年代の時点で、「私がビル・ゲイツであれば、もう株を全部売って引退する。今がピークだから、株を売り払《はら》って隠遁《いんとん》するのが、いちばんよい。これから先は大変だ」と言っている人もいました。

確かに、そういう時代も来るでしょう。いつまでも先頭を走ることはできません。嫉妬され、追撃《ついげき》され、挟撃《きょうげき》され、錐揉《きりも》み状態に入っていき、能力も逓減《ていげん》していきます。先行きには、なかなか厳しいものがあるでしょう。

経営は非常に創造的な仕事ですが、「勝つか、負けるか」「生きるか、死ぬか」というサバイバルゲームでもあります。

そこで大勢の人たちが職業を得ている現実を見ると、やはり、トップは厳しくあらざるをえません。自分に対しても、他の人に対しても、単なる甘《あま》やかし的な甘さを許すことはできないでしょう。そういう厳しさを持たないと、生き残ることはできないのです。

急発展したために潰《つぶ》れる会社もある

自動車会社のフォードの例でも述べましたが、あるときまでの成功要因が逆風になる場合もあります。

経営者自身の能力、および幹部や従業員の能力が、会社の成功についていけないときには、いったん失速してしまうと、倒産することもあるのです。

倒産には黒字倒産もあります。資金繰《ぐ》りなどが下手だと、利益が出ているのに潰《つぶ》れてしまうこともあるわけです。

また、「ある程度まで成功したあと、挫折《ざせつ》し、大きな会社に吸収されてしまう」ということも跡《あと》を絶ちません。

例えば、衣料品業界では、「ユニクロ」というブランド名で有名なファーストリテイリングが非常に伸《の》びています。一九八〇年代は、まだ経常利益が数千万円の規模だったのに、その後、大きく伸びてきています。

今は、デフレ基調であり、安いものがよく売れる時代なので、ユニクロでは、カジュアルものの衣料品に絞り、他社では五千円程度の商品を千円ほどで売っています。そして、昔なら「安物」と言ったものを、マイクロソフトの「ウィンドウズ」のように〝国際スタンダード〟と称《しょう》しています。

スタンダードと称して商品を画一化し、価格を安くすれば、市場で大きなシェアが取れます。五千円程度のものを千円ぐらいで買えるようにすれば、大いに客がついてくるからです。

ただ、「今後、どうなるか」ということは分かりません。

シンプルなだけに敵が多く、他社から狙《ねら》われるでしょう。挟《はさ》み撃《う》ちにされるかもしれませんし、もっと大きな会社が潰しにかかってくるかもしれません。チャイナ・リスクもありましょう。そのなかで生き残るだけの力量があるでしょうか。「生き残れるかどうか」ということは、トップや幹部の頭脳、経営環境《かんきょう》の変化などにかかっているでしょう。

経営とは難しいものです。急発展したために潰れる会社もあるのです。

単品商売を行い、ワンパターンの勝ち方をして、一気にシェアを取った場合には、わりとうまくいきますが、シェアを取り切れなかった場合には、やがて、反撃に遭《あ》って潰れることもあります。

「発展したあと、どう生き延びるか」ということには、けっこう難しい面があります。兵線が伸びすぎると、経営が緩《ゆる》くなってくるので、撤退戦ができなくなることもあるのです。

したがって、今、成功しているものが、今後もよいかというと、必ずしもそうではありません。先のことについては、どうなるか、まだまだ分からないところがたくさんあるのです。

「ヘッドハンティング」をするときの注意点

今の時代、経営者は本当に怖《こわ》いだろうと思います。成長している企業の経営者であっても怖いでしょう。もちろん、衰退《すいたい》している企業の経営者は、もっと怖いでしょうが、成長している企業の経営者も怖いはずです。

実は、成長しすぎるのも怖いものなのです。なぜなら、成長しすぎると、トップの能力が限界に達する時期が非常に早く訪れるからです。

成長しすぎると、二年や三年でトップの能力が限界になることもありますし、幹部にも、どんどん限界が来ます。

「幹部に能力がなくなったから」という理由で、外部から人を採り、すぐに重要な立場に就《つ》ける場合もありますが、ある会社でキラキラと輝いていた人でも、別の会社に入ると、それほど仕事ができないことはよくあるのです。

それはそうです。今、〝スタープレーヤー〟として仕事をしていても、その会社での知識や経験があるからこそ、輝いているのであり、よその会社に移れば、いきなりは仕事ができないのです。

他の会社の人を採って幹部に就けても、成功率は三割から四割と言われています。つまり、六割から七割は失敗するのです。

よその会社で大いに頑張《がんば》っている人を、「この人は当社でも活躍《かつやく》するだろう」と考え、自分の会社に転職させて、重要な立場に置いた。ところが、「よそでは、あんなによく仕事のできた人が、なぜ、これほどできないのだろうか」と思うぐらい、満足のいく仕事ができない。そのため、高い報酬《ほうしゅう》を払ったにもかかわらず、その人に、二、三年で辞めてもらわなくてはいけなくなる。

残念ながら、こうしたことが繰り返し起きています。

会社が発展しているときに、救いを求めて、外部から人を呼び、その人を何かの部署の長に就けても、そう簡単には成功しないことが多いのです。

したがって、会社の成長速度と人材の成長速度のバランスを、よく見ないといけません。

外部の人をヘッドハンティングする場合には、その人が成長するまでには時間がかかると思って、いきなり重要なセクションには就けず、鍛《きた》える時間を少し取らないと駄目なのです。

その部署のナンバーツーの立場に置いたり、もう少し易しめの立場に置いたりして、〝地ならし〟をしてから使わなくてはいけません。いきなり重要なところに投入すると、パリンと壊《こわ》れてしまいます。

今は、そういう時代なのです。本当に、厳しいものです。

要求される仕事能力は経営規模によって異なる

さて、従業員が十人ほどの経営規模である会社の経営者は多いと思います。

十人から五十人ぐらいの規模の会社は、家族主義的で温かく、誰《だれ》もが家族の一員のような感覚で働いているでしょう。ときどき、社長の奥《おく》さんが料理をつくって出し、従業員がそれを食べたりするようなことが、五十人ぐらいのレベルまではあると思うのです。

しかし、そういうアットホームな雰囲気《ふんいき》を、いつまでも護《まも》りたい気持ちと、企業を発展させたい気持ちとが、対立することがあります。

社員数が十人程度の会社が、やがて三百人や五百人の規模になったときに、その十人のうち、会社に残っているのは二人か三人と思わなくてはいけません。

今は一緒《いっしょ》に和気あいあいと仕事ができていても、会社が大きくなるにつれて従業員たちが落ちこぼれてきます。能力が足りなくなるからです。十人規模の会社でよく働いている人であっても、従業員が増えて部下を持てば、仕事がうまくできなくなってくるのです。

百人、二百人、五百人と従業員が増えていく過程で、最初のころにいた従業員たちの多くは、いなくなります。十人のうちの七人か八人は、辞めさせられたり、自分から望んで他社に転職したり、病気になって入院してしまったりします。残念ながら、人間の能力というものは、それほど急には大きくならないからです。

ですから、そのへんのことをよく知らなくてはいけません。家族主義的でアットホームな雰囲気、社員が和気あいあいとしていることが好きなのであれば、現在の規模か、それに毛の生えたぐらいの規模にとどめるべきでしょう。急に規模が大きくなると、現在の社員のほとんどと別れることになるのです。

社員がいなくなるうちはまだよいのですが、会社がもっと大きくなると、人様に任《まか》せないと経営ができなくなり、社長自身も会社を去らなくてはいけなくなります。

あらかじめ、それを知った上で、「自分が経営者であろうとなかろうと、どちらでも構わない」と考えるのであれば、あるいは、その会社の仕事に公益性が強く、「自分が経営者でなくても構わない」という気持ちがあるのであれば、それでもよいでしょう。

会社が時代の潮流に乗りすぎると、そういうこともありえます。それを知らなくてはいけません。

IT産業が発達すると、マスコミは危機に陥《おちい》る

成長期にある業種は伸びるのですが、それは必ずしも長くは続きません。過去を見れば、成長する業種は、常に変わっています。

本章の2節で、「マスコミ系も危ない」と述べましたが、おそらく、そうなるでしょう。人間の持ち時間は増えないので、メディアが多種類になれば、当然、よいものしか残らず、それ以外のものは淘汰《とうた》されるでしょう。

以前、マスコミは、IT産業をもてはやしていましたが、日本で某《ぼう》首相が「IT、IT」と言ってITを振《ふ》りかざしていたとき、「もうそろそろITは危ない

な」と私は思っていたのです。事実、二〇〇〇年の秋ぐらいから、アメリカでは IT不況《ふきょう》が起き、そのあと日本でもそれが始まりました。

IT産業そのものが駄目になるわけではないのですが、ブームだと言われると多くの人が参入するので、競争が激しくなります。そのため、よいものしか残らず、あとは淘汰されるのです。

誰もがそこで〝獲物《えもの》〟を獲《と》れる時代は、わりに早く終わります。それは、かつてのボウリング場ブームやゴルフ場ブームと同じものです。多くの人が参入したときには、そろそろ危ない時期が来ているのです。

「激しい競争のなかで生き延びられるかどうか。生き延びる条件を満たしているかどうか」ということをよく考えないと、参入しても駄目になることがあります。そのへんを知らなければいけないのです。

ITがブームだと言われていたときに、私は、「人間の持ち時間は増えないから、何かが選ばれた場合には、必ず、ほかのものが消える。どこが淘汰されるのかな」という目で見ていました。新聞が、「ＩＴ、ＩＴ」と騒《さわ》いでいるので、「お気の毒に。自分で自分の葬式《そうしき》を出している」と思って見ていたのです。

結果的には、やがて、そういうことになるわけです。

テレビも、実はそうなるのですが、それを知らずに、一生懸命《いっしょうけんめい》、「ＩＴブームだ」と言っていたので、私は、「かわいそうだな。退職金を早めに積み立てておかないと危ないな」と思って見ていたのです。

ＩＴがブームだとしても、やがて〝食い合い〟が始まります。人間には一日に二十四時間しかなく、さまざまなメディアを使い切ることはできないので、必ず絞り込みに入ります。そういうことを考えないといけないのです。

そのように〝機械の進化〟が起こると、私は、逆に、「これからは宗教がますます大事になる」と思うほうなのです。

そういうハイテク系が強くなってくると、今度は、ソフトというか、人間同士の心の交流が非常に大事になってきます。いわゆる「ハイタッチ」。したがって、「ハイテク系の対極にはあるが、宗教のほうも繁栄《はんえい》する」ということが、すぐに見えてくるわけです。

流行には敏感《びんかん》でなければいけませんが、「尻馬《しりうま》に乗るだけでは生き残れない」ということを十分に知らなくてはいけないのです。

5　価値を創造するための「時間の使い方」

仕事は成果に結びつけてこそ意味がある

経営トップである企業家《きぎょうか》は、常に、新しい情報を得つつ、新しい価値として、何か役に立つものを生み出し続けなければいけません。

とにかく体を動かすことで、働いているような気になっている人もいますが、仕事に対する評価では、「労働時間が長い」「土日にも働いている」「熱心だ」「よくしゃべる」などということだけを誇《ほこ》っても駄目《だめ》です。

仕事というものは、必ず成果に結びつけてこそ意味があるのです。これを知らない経営者が多いと思います。

「とにかく〝スーパーマン〟でありたくて、体に無理がかかっている」「朝早くから夜遅くまで非常によく働いている。休日も頑張《がんば》っている」という人は、「それが、成果に結びついているかどうか」ということを、常に問い続けなくてはいけません。

社長がそういう状態であれば、部下も同じでしょう。「とにかく、汗《あせ》を流している」「働く時間が長い」といっても、単に長く働き、残業手当《てあて》を稼《かせ》いでいるだけで、要《い》らない仕事をしているかもしれないのです。

したがって、成果に対する目は厳しくなければいけません。特に、成果を生まずに〝仕事ごっこ〟をしていることが非常に多いので、気をつけてください。

本当に、要らない仕事のために人が増殖《ぞうしょく》してくるものなのです。これについては、常に、「そういうものだ」と思って、刈《か》り取りをしなければなりません。

「経営は、ヒト、モノ、カネ、情報等の経営資源を投入して行うものだ」とよく言われますが、経営者は、常に、「成果をあげる」というマインドを持っていなくてはならないのです。

経営資源を投入するだけなら、誰《だれ》にでもできます。お金や人を投入するだけであれば、当然、誰にでもできるのです。

また、「情報を集めろ」と指示するのは簡単ですが、気をつけないと、社員たちは、一日中、新聞を読んでいるかもしれませんし、一日中、テレビを観《み》ているかもしれません。

情報を集めるのはよいのですが、それを成果に結びつけなくては駄目です。集めた情報を企業の仕事につなげることが大事なのです。

例えば、〝採用ミス〟で高学歴の人ばかりを採用したため、調査部の人員ばかりが増えてしまい、「大勢で新聞などを読んでいるだけです。頭のよい人たちであり、高給を取っていますが、仕事はしていません」というようなこともあります。

とにかく成果をあげなくてはいけないのです。

そして、トップの情報戦略においても、やはり、「成果に結びつける」ということを常に考えておかなくてはなりません。時間を浪費《ろうひ》していて成果が出てこないものは、やめなくてはいけないのです。

「大川隆法総裁は、『時代に乗り遅《おく》れてはいけない』と言っていた。だから、しっかりとテレビを観なくてはいけない」と思い、毎日、テレビを観ていた人が、「それは仕事に結びつきましたか」と訊《き》かれ、「いえ、結びついていません。ただ、毎日、家族で仲良くテレビを観ることができました」と答えたならば、「それは危ないですね」というのが結論です。

成果に結びつかないのであれば、単なる楽しみ事にすぎません。仕事というものは、成果に結びつけることが大事なのです。

情報収集の際には生産性を考えよ

『新聞を読むことが大事だ』と言われたので、新聞を何紙も読んでいます。午前中、ずっと新聞を読んでいました」

「それで、何かヒントは得ていますか」

「いえ、時間だけ潰《つぶ》しています」

これでは駄目です。新聞記者や新聞社のデスクであれば、他社の新聞を読むのも仕事のうちでしょうが、企業の経営者が新聞を読んで時間を潰すだけであれば、意味がありません。大して仕事の役に立たないのであれば、時間を限定することが必要です。「新聞を三十分以上は読まない」などということにしないと駄目なのです。

新聞には、各紙とも、同じようなことばかりが書いてあるので、一紙をきちんと読み、ほかの新聞については、ヘッドラインだけをパッと見て、「独自のことが書かれていないか」「自分の業種に関する記事はないか」ということだけを見る程度にしないといけないでしょう。

「情報を取る」といっても、無制限にやってよいわけではなく、「必ず成果につながるかどうか」ということを、いつも考えておかなくてはなりません。成果につながらないのであれば、それは間引いたり削《けず》ったりしていかなくてはならないのです。

お付き合いについてもそうです。「会社の外部の人と、よくご飯を食べて、お付き合いをしているから、情報が豊富だ」と思うかもしれませんが、「どの程度、それが生産性に結びついているか」ということを考えないと、単に、酒を飲む習慣、おしゃべりをする習慣にすぎないだけのことがあります。成果に結びついていないのなら、その部分を削っていかなくてはならないのです。
こういうかたちで、自分の時間管理をしなくてはいけないわけです。

経営は「事務管理」ではない

また、「経営」と称《しょう》して、よく「事務管理」だけをしている人がいるので、これにも気をつけなくてはいけません。

「毎日、社長が席に座っているため、しかたなく、社員たちは報告書ばかりを上げる」ということがあります。社長が読みたがるので、社員たちは報告書を書かなくてはならず、営業に行かないで報告書を書いているようなことも起きます。

経営者は、「事務管理だけが仕事ではないのだ」ということを知らなくてはいけないのです。事務管理も、いちおうは要りますが、そればかりをしていたのでは、価値の創造はできません。内部を管理するだけ、あるいは書類管理をするだけでは駄目なのです。

大きな役所や大銀行などでは、階層が何段階もあるため、各段階で書類に判子を押《お》すだけでも大変な仕事量です。判子が二十個も三十個も四十個も押してあることさえあります。全役員のところを順番に回っているようなのですが、これは、そうとうなエネルギーロスでしょう。

こういうことに気をつける必要があります。「これは、本来、要らないものではないのか」ということも考えなくてはいけないのです。

無駄《むだ》なメールや会議は削《けず》っていく

今は電子機器が発達しているため、Ｅメールその他で、社長と社員が、直接、やり取りをすることができます。それを自慢《じまん》するかのような会社がマスコミで紹《しょう》介《かい》されたりもしますが、私は「これは危険だ」と思っています。

ある社長は、一日に三百件も五百件も、社員と直接にメールのやり取りをしているようです。「どうなっているか」ということについて、直接、社員から社長に報告が入り、それを社長が読んで、社員に返事を出しているらしいのです。

本当に大丈夫《だいじょうぶ》なのでしょうか。率直なところ、怖《こわ》いものがあります。

というのも、これは情報のレベルの問題なのです。

このように社長が平社員をも相手にしていると、社長が係長のような仕事をやっている可能性が極めて高いのです。社長は情報を集めて悦《えつ》に入《い》っているかもしれませんが、「本当は、社長にふさわしくない仕事をしているのではないか」ということも考えないといけません。

平社員は平社員です。たまには、よいことを言いますが、一年中、よいことを言い続けることはできません。年に一つぐらいは、よいことを言っても、一年中、よいことを言うわけではないのです。

平社員から社長にメールが数多く来る場合、気をつけないと、課長や部長が遊んでいるだけにすぎないこともあります。それを知らずに社長が平社員とメールのやり取りをするのはいけないと思います。

携帯《けいたい》電話も同様です。便利ですが、ほどほどにしないと、一日中、電話ばかりしていることがあります。

Eメールや携帯電話については、そもそも、「要るのかどうか」ということを考えなくてはなりません。

また、「会議が要るかどうか」ということも考える必要があります。要らない会議は、たくさんあるのです。

人間関係の調整に時間がかかりすぎているようであれば、まずは会議を削《けず》ることを考えないと駄目《だめ》です。一年中、会議ばかりしているようではいけません。

この点については、当会においても、発展に伴《ともな》い、いろいろと〝練習〟を積み重ねてきました。

最初は、役員などをつくっても、彼らは何をしてよいかが分からず、毎日、会議ばかりしていました。私が、「応接間があるのがいけないのだ。応接間を潰してしまいなさい」と言うと、会議が減りました。そういうものです。大勢が集まれる場をつくると、集まってばかりいて、仕事をする時間がなくなるようなこともあるのです。

自分の仕事以外のことについては、それほど関係がないため、知っておいたほうがよいことはあっても、毎日、会議をする必要はありません。そういう無駄な会議はしないほうがよいのです。

ですから、手段としては、応接室を潰すか、役員をなくすか、このどちらかです。無駄な会議をなくしてしまわないと、仕事をしません。仕事をしてもらわなくては困るのです。

もちろん、経営レベルの問題については、話し合いをしてもよいでしょうが、毎日、机上の空論ばかり議論するのは時間の無駄なのです。

当会に関して、お恥《は》ずかしい話を述べましたが、一般《いっぱん》の会社の場合でも、おそらく事情は同じでしょう。世間体を考えて役職を設けても、その役職の人が仕事をしなければ駄目なのです。

したがって、まず、「仕事になっているかどうか」ということを見なくてはなりません。そして、「無駄なものを削る」という勇気も必要です。今の時代、特に、不況《ふきょう》が続くデフレ基調の時代には、これが大事なのです。無駄な部分は、できるだけ削っていく努力をしなくてはいけません。

販売網《はんばいもう》を見直し、流通での中抜《なかぬ》きを減らす

もちろん、販売網《はんばいもう》についても、無駄を削る努力が要ります。途中《とちゅう》に何段階もあ

るようでは無駄です。不況期には直接販売をするに限ります。最終消費者にできるだけ近づかないと利益幅《はば》が小さくなるので、なるべく直接販売に切り替《か》え、中《なか》抜《ぬ》きを減らす努力をしなければいけません。

また、不況期には、できるだけ仕入れを安くすることが必要ですし、売るほうでは値段を下げなくてはいけません。そうしないと売れないからです。売るほうでは利益がほとんど出なくなってくるため、可能な限り仕入れを叩《たた》き、安い仕入れ価格に切り替えていかなくてはならないのです。

そして、流通の過程における〝鞘抜《さやぬ》き〟を減らしていかなくてはなりません。こういう努力が必要なのです。したがって、経営者は厳しくなくてはなりません。お人好しではいられないのです。

取引先との付き合いは大事であっても、その取引先が、削らなければいけないところなのであれば、あまりお付き合いをしないほうがよいでしょう。

「長年、付き合ってきたから」と言って問屋《とんや》を通すと、利益の半分ほどを持っていかれます。ですから、「あの取引先を外そう」と思っているのであれば、そういうところとは、あまりゴルフなどをしないほうがよいのです。

そういう意味での付き合いを削減《さくげん》することも大事です。

常に「仕事を固めて部下に下ろす」という工夫を

心の教え、あるいは光明思想系統の教えでは、「人間には無限の可能性がある」「能力は無限だ」などということも、私は説いてきました。

しかし、現実の仕事、実務や経営という観点で見たとき、時間という枠《わく》のなかでは、人間の能力には、どうしても限界はあります。なぜなら、どのような人であっても、同じ持ち時間しかないからです。

忙《いそが》しそうに働いている人は、「自分は、よくやっている」と思っているかもし

仕事に無駄はないか

- □ 労働時間の長さだけを誇っていないか
- □ 情報を集めて、終わりになっていないか
- □ 事務管理だけをしていないか
- □ 無駄な会議、メールのやり取りをしていないか
- □「長年の付き合いだから」と言って、無駄な取り引きをしていないか
- □ 部下に仕事を下ろさず、抱え込んでいないか

↓

「成果」に結びつく仕事を考える

れません。しかし、「自分でやらなくてもよい仕事を、自分がやり続けていないかどうか」ということを、常に問わなくてはならないのです。

仕事が多いのは、うれしいことなので、仕事を抱《かか》え込《こ》む人がいますが、ある程度、「この仕事は、自分がしなくても、他の人でできる」と思ったならば、その仕事を部下に下ろしていかなくてはなりません。

仕事のやり方を固めて下の人に下ろしていき、時間の空《あ》きをつくるのです。そして、自分は新しい仕事を行い、その仕事が固まったら、また下の人に下ろしていきます。このようにすることで、部下も自分も偉《えら》くなれるのです。

これをせずに、部下の仕事を取り上げているため、自分の仕事が増えてばかりいる社長もいます。下にいる部長などの仕事を取っているわけです。そういう社長は、いつも手いっぱいで、「時間がない、時間がない」と言っています。しかし、それは能力の不足が原因でしょう。

仕事を固めて部下に下ろす工夫を常にしないと、成長することはないのです。

6 最も効果があるのは「経営者自身の変革」

「創造する経営者」というテーマで、いろいろなことを述べました。とりあえず、社員や幹部の変革も大事ですが、最も効果があるのは、やはり、トップの変革、経営者自身の変革です。

したがって、社員を責めたくなったら、その前に、「自分自身に問題がないかどうか」ということをよく考えることです。

まずトップが脱皮《だっぴ》しないと、会社は現在以上には伸《の》びません。会社の規模はトップ相応なのです。

中小企業になるほど、トップの力量の影響《えいきょう》が百パーセントに近づきます。九十数パーセント、九割以上はあるのです。

したがって、トップの力量が伸びないかぎり、企業も伸びていきません。中規模や大規模の企業になってくれば、トップ以外の人の力が影響する割合が、しだいに増えていきますが、それでも、最も効果があるのはトップの変革なのです。

そのため、大きな会社等では、定期的にトップの入れ替えを行っています。同じトップのままでは発想が変わらないため、トップの限界が出てくるのです。

「自分に限界が来る」ということは、〝小さな神様〟をしている経営者にとっては、認めがたいことです。「自分は、オールマイティー（全能）でなくてはいけない」と考えるため、自分に限界が来るのを認めることは、トップにとっては非常につらいことなのです。

しかし、トップも人間です。体力の限界もあれば、持ち時間の限界もあります。また、頭脳にも限界が来ます。精いっぱい努力はするでしょうが、それでも、

「やはり限界は来るものだ」と思い、「その限界を、どうやって突破《とっぱ》するか」ということを考えなくてはならないのです。

限界を突破するためには、他の人でもできる仕事は、間違《まちが》わないようなスタイルにした上で、できるだけ他の人にやらせなくてはいけませんし、自分にない智《ち》慧《え》は他の人から得なければいけません。

そもそも、経営者は、自分の限界を、いつも考えておくことが必要です。もし自分に欠けている能力があれば、「欠けている能力を、どうやって補うか」ということを、常に考えなくてはいけません。また、弱点を補ってくれる人が必要になることもあります。

もちろん、経営者は、できるだけ、自分が強いところで勝負すべきであり、弱いところにかかわりすぎると、企業が発展しないこともあります。

しかし、常に、自分の限界を厳しく見つめ、「自分の限界を乗り越《こ》えて企業を

会社の規模はトップ相応！
（トップの力量が伸びないかぎり、企業も伸びない）

↓

企業の成長のためには「経営者自身の変革」が必要
そのために……

- 自分の限界を、いつも考えておく
- 自分の限界を乗り越えて
企業を大きくすることを考える
例　他の人でもできる仕事は、下に下ろす
自分の弱点を補ってくれる人に助けてもらう

※ 企業を大きくすることが難しければ、
「企業を続ける」ことを考える

大きくするには、どうしたらよいか」ということを考えなくてはいけないのです。

自分の限界を乗り越えて「企業を大きくする」ことができないのであれば、別の行き方があります。それは、「企業を続ける」という行き方です。「この厳しい時期に、十年間、淘汰《とうた》されず、潰れずにいるには、どうしたらよいか」ということを考えるのも一つの護《まも》りなのです。

上にいる人が自己変革をするほ

ど効果は大きいのです。したがって、社員に檄《げき》を飛ばす前に、経営者は、まず自分自身を考え直さなくてはなりません。

第2章　デフレ時代の経営戦略

——「新しい価値」を創造するために

1　二十一世紀は「デフレ基調」が大きなトレンド

第三次世界大戦は「経済戦争」のかたちで終わった

本章では、前章で触《ふ》れなかった論点を中心に述べていきたいと思います。

まず、基本的に考えておかねばならないことは、二十一世紀の大きなトレンドについてです。「今後、どのような経済環境《かんきょう》が傾向《けいこう》として出てくるか」ということを知っておかないと、目先一年ぐらいの経営だけを考えても、どうにもならないことがあります。

これは、経営評論家、経済学者、未来学者、占《うらな》い師、その他、いろいろな人が予想してもなかなか当たらない難しい領域なのですが、大きな流れとしては、やはり「デフレ基調」だと思います。日本だけではなく、世界的に見て、デフレ基調が大きなトレンドだと思うのです。

一方、二十世紀は「インフレ基調」でしたが、その理由は、大半が戦争と革命の時代であったからです。「戦争の時代」というのは、とにかく、物資を大量に消費します。いろいろなニーズが出てくるため、物をたくさんつくらなければいけません。消耗品《しょうもうひん》も必要ですし、それ以外のインフラ系においても、いろいろなものが必要になってくるのです。

したがって、戦争中心の世界においては、経済の流れは、どうしてもインフレ基調になります。革命などが起きた場合にも、そうなります。

二十世紀には、大きな戦争が二つ終わり、その後、米ソの冷戦が終結しました。これは、事実上、「第三次世界大戦が経済戦争のかたちで終わった」ということを意味します。

米ソは、実際の戦争をすることなく軍備拡張競争を行ったわけですが、当時のレーガン大統領が赤字覚悟《かくご》で米国の軍事拡張を行い、宇宙からも攻撃《こうげき》するという「スターウォーズ計画」までやり始めたところ、ソ連経済のほうがパンクしてしまい、戦わずして冷戦が終わりました。しかし、これは事実上の戦争であったのです。

こうして、経済戦争のかたちで、〝第三次世界大戦〟が終わったわけです。

日米協調が続くかぎり大戦争は起きず、インフレ基調にはなりにくい

その意味で、二十一世紀には、大きな戦争の余地はそれほど残っていないと思います。もし、あるとすれば、中国関連でしょう。中国に絡《から》んだ世界大戦があるかどうかが、「インフレ基調になるか、デフレ基調になるか」の判断の分かれ目

です。

もし、中国を絡めた世界大戦のようなものが起きた場合には、それがインフレ要因になるので、基調として、物価などが上昇《じょうしょう》する流れになります。

しかし、日米関係が安定している間は、そして米国経済が極端に崩壊《ほうかい》しないかぎり、基本的にそれはないと考えてよいと思います。

なぜなら、日米の経済規模を足すと、だいたい世界の三分の一を占《し》めているからです（二〇〇九年度）。日米両国の協調体制が続くかぎり、この二大大国を相手に戦える国は、二十一世紀においては存在しないと思われます。戦っても負ける可能性が高いでしょう。

中国やインドは、人口が共に十億を超《こ》える巨大国《きょだいこく》ですが、経済力としては、まだ弱いので、どう考えても日米の二大大国と一年以上戦えるはずがありません。

したがって、日米協調が続くかぎり、大戦争は起きず、局地戦レベルのものしか起きないと考えてよいのです。

台湾《たいわん》や朝鮮《ちょうせん》半島など、幾《いく》つか、戦争の可能性のある地域はありますが、局地戦レベルのものしか起きないと思われるので、インフレ要因は小さいと見てよいでしょう。

ただ、そうした局地戦争が起きたときに、一時的に、多少、物の需要《じゅよう》が起きるようなことはあると思います。例えば、一九五〇年代に朝鮮戦争が勃発《ぼっぱつ》した際、日本経済が特需景気によって回復したこともありましたが、そのように、三年か四年ぐらい、特需景気のようなもので部分的なインフレが起きることはあっても、二十一世紀の流れとして、インフレは考えにくいと言えます。

デフレの時代は、現金を握《にぎ》っているほうが勝つ

戦争というのは〝究極の消費〟ですから、大きな戦争がない時代には、物が余

ってきます。物が余ってくると、物の値段が下がってきます。そのため、デフレ基調になると考えられるのです。

逆に、インフレになると、物の値段が上がっていくため、お金を持っていても、すぐに値打ちが下がっていきます。そのように、お金の値打ちが低くなっていくのがインフレです。

その意味では、借金をしても、それがだんだん軽くなっていくので、「二十年ローンで借金をしてでも、家を建てたほうが得だ」ということになります。

「将来、家を買おうと思ってお金をためても、ためているうちに物価が上がり、土地代も建築費用も値上がりして、買えなくなってしまう。だから、借金をしてでも、今、ポンッと買ったほうがよい。二十年払《ばら》いにしておけば、そのうち給料も上がってきて、借金が軽くなり、楽に返すことができる」ということです。そういう流れが、昭和三十年代から四十年代、五十年代あたりまで続いてきたわけ

インフレとデフレ

	インフレ (inflation)	デフレ (deflation)
物価水準	↗	↘
貨幣価値	↘	↗
	※借金をしてでも、物を買ったほうがよい	※できるだけ借金をせず、現金を持つほうがよい

です。

そのように、物が値上がりし、お金の値打ちが下がっていくのがインフレです。

デフレは、その逆で、お金の値打ちが高くなり、物の値打ちが低くなっていきます。そのため、デフレの時代は、現金を握《にぎ》っているほうが勝つのです。

物を持っていても、値打ちがどんどん下がっていくので、できるだけ現金を握っていたほうがよいわけです。土地を持つ場合も、事業などで必要な土地ならよいのですが、利益を生まないような土地をたくさん持っていたら、価値がどんどん目減りしていき、損をするだけになります。

これがデフレの時代です。

2 デフレ時代の基本的な考え方

できるだけ借金をしない

デフレの時代の基本的な考え方は、「借金をしない」ということです。

今は、お金を運用しようとしても、銀行の預金金利が一パーセントを超《こ》えるところは、なかなかありません。そのときどきで変動はしますが、せいぜい零《れい》コンマ数パーセント程度です。

一パーセントの金利では、一億円を預けると利子は百万円ですが、実際には一パーセント以下なので、数十万円程度の額になってしまいます。

このように運用効率が非常に低いときにも、借金をしている個人や会社はたくさんあると思います。しかし、借金の金利のほうは、零コンマ数パーセントでは許してくれません。企業《きぎょう》にもよりますが、事実上、四パーセントや五パーセントの利子は取られているのではないでしょうか。

ですから、もし、今、会社の借入金の金利が、四パーセントぐらいあったとすると、いちばんよい資金の運用方法は、「借金を返すこと」です。預金を置いていても、利息が零コンマ数パーセントしか付かず、その一方で、借金の金利は四パーセントあるわけですから、借金を返すだけで、年に三・数パーセントの運用をするのと同じことになるのです。

したがって、デフレ時代においては、お金が余ったときに、借金を返していくのがいちばんよいのです。実際上、それ以上の運用方法がなかなかないというのが現状です。

借金をする場合は「実質金利」をよく計算する

銀行というのは、あの手この手を考えるものなので、小企業の場合は騙《だま》されていることも多いのです。小企業の経営者が頭を下げて銀行に融資《ゆうし》を頼《たの》みに行き、お金を貸してくれたとしても、事実上、借りたお金をあまり使わせてもらえないようなことがよくあります。

これは、「歩積《ぶづ》み両建《りょうだ》て預金」といって、銀行が、貸したお金の一部を、預金として強制的に置かせるものです。これは基本的に禁止されているのですが、大企業を相手に貸す場合でも、貸した額の三割ぐらいは預金させます。つまり、銀行から十億円の融資を受ける場合、「そのうちの三億円は定期預金にして置いておきなさい」などと言われて、自由に使わせてもらえないわけです。

そうすると、例えば、十億円を、三パーセントという表面上は低いレートで借りたとしても、定期預金にした三億円は使えないため、実際上は、「七億円を借りて十億円分の利息を取られている」ことと同じです。預金の利息は〝雀《すずめ》の涙《なみだ》〟ほどしかないので、ほぼ、十億円分の利息を取られることになるのです。

したがって、使えない分を差し引いた実際の金利、すなわち「実質金利」がどうなっているかをよく計算しなければいけません。

さらに、銀行の力が強い場合には、もっとひどいことを言ってきます。大企業に対しては言えませんが、相手が小さい企業の場合、「十億円を貸してあげるけれども、今月は預金強化月間なので預金が欲しい。ついては、半年間は、そのまま預金で置いておきなさい。半年たったら使ってもよい」というようなことを言う場合もあります。

そのようにすると、貸し出しが十億円で、預金が十億円ということになり、預金集めに忙《いそが》しい銀行としては、これほどうれしい話はありません。銀行は、そういうことを平気でやるのです。

技術者出身の経営者で、技術のことしか考えていないような人は、「実質金利」のことなど分かりません。そのため、銀行から、「しばらくは預金として置いてもらいますが、来年からは使えますから」などと交渉《こうしょう》され、利息だけを取られて一円も使わせてもらえないにもかかわらず、「融資していただいてありがとうございます」と頭を下げたりするわけです。

さらに、企業が小さくて、銀行の力がもっと強い場合には、定期預金ではなく、「流動性預金で置いておきなさい」と言ってきます。要するに、定期預金よりも金利の低い普通《ふつう》預金で置かされるのです。今は、普通預金も定期預金も、あまり利率が変わりませんが、昔は、けっこう金利差があったので、そういうことをされる場合もありました。

銀行というのは、どこもだいたいそうです。「雨が降ったら傘《かさ》を取り上げ、晴れたら傘を貸す」というのが銀行であり、基本的に〝日傘〟しか持っていないのです。企業が倒産《とうさん》したりして、不良債権《さいけん》になるのが怖《こわ》いので、本当にお金を借りたいところには貸したくなくて、お金が余っているところにだけ貸したいのです。そのため、お金を必要とする企業が銀行から借金をする場合には、必ず何か悪い条件が付くわけです。

それでも、貸してくれるだけまだよいのです。銀行が貸してくれなければ、もっと金利の高いサラ金系の業者に行かざるをえません。しかし、計算に弱い人だと、実際には複利計算で利息が何倍にもなることが分からずに、とりあえず、「何とか、今月末を越《こ》せたらよい」ということで、借りてしまいます。

利率だけを見ると、それほど高くなさそうに思うのですが、複利で取られると、利息がものすごく上がっていって、いつの間にか、二倍や三倍になっていることがあります。それで経営危機になることもあるため、よく注意してください。

見栄やぜいたくのための借金はせず、現金のほうを固めていく

デフレ基調のときには、借金はできるだけしないほうがよいと思います。

もし、借金をする場合には、明確に資金回収の当てがあるもの、つまり、確実に収入に変わると思われるものへの投資のためであればよいのですが、収入の当てもないのに、「体裁上《ていさいじょう》、こういうものが要《い》る」というような見栄やぜいたくのための借金は、できるだけしないほうがよいと思います。

企業のなかには、お金が要るときに備えて、「必要なときに銀行がすぐに貸してくれないと困るから、今は要らないのだけれどもお金を借りておく」というところもあるでしょう。しかし、前述したように、デフレ基調のときには、借金を返済する以上の運用方法はないので、基本的に、返済したほうが得だと考えるべきです。

現在、地価も、都市部の一部では反転し、また上がってきたりしていますが、それはあくまでも一部の現象にすぎません。全体としては、やはり物価も地価も間違《まちが》いなく下がっていく時代であると思ってよいのです。

そのため、現金を固めていく商売をしたほうが、長い目で見て安全であると言えます。

手形を使わず、できるだけ現金決済に切り替《か》える

また、企業の倒産要因は、ほとんどが手形の不渡《ふわた》りです。受け取った手形が不渡りになって駄目《だめ》になる場合もあれば、こちらから「三カ月後に支払《しはら》える」と思って切った手形が、資金繰りができずに不渡りになる場合もあります。

さらに、中小企業のなかには、ゴルフ仲間等でお互《たが》いに融通手形を切り合い、ごまかして生き延びているところも多いと思いますが、そういう企業は近いうち

に倒産すると思って間違いありません。やはり、手形系の取引については、見直しをしたほうがよいと思います。

実際上、手形を切ることとは、自分で「小さな銀行」を営んでいるのと同じであり、一種の「信用創造」をしているわけですが、この「信用」ほど怖いものはありません。余裕《よゆう》ができたら、極力、現金決済に切り替《か》えたほうがよいでしょう。

現金決済にすると、何か損をしたような気がするものです。それで、「手形取引のほうが、より長く生き延びることができて、その間に何か画策すればうまくいくのではないか」と思いがちなのですが、現金決済に切り替えた企業で倒産したところはないのです。潰《つぶ》れているところは、たいてい、手形取引をしている企業です。

「三カ月たてば、何とか資金繰りの目処《めど》がつくのではないか」「四カ月後にはお金が入ってくるのではないか」などと甘《あま》く考えて手形を切るのですが、お金が入ってこないことが多いのです。

それで、資金繰りが苦しくなって焦《あせ》ってくると、サラ金のほうに駆《か》け込《こ》んで、ものすごく金利が高く、利息が二倍、三倍に上がっていくようなお金を借りてしまうのです。そして、最後は夜逃《よに》げになります。

したがって、余力があれば、できるだけ現金決済のほうに切り替えていってください。そのようにして潰れたところはないのです。

現金決済に切り替えて、貰《もら》うほうも払うほうも現金だけということにすると、経営者はキャッシュフローだけを見ていればよいのです。現金がなければ支払いができないので、「何月何日に支払えるかどうか」は、すぐに分かります。「帳簿《ちょうぼ》上あることになっている」というようなお金にごまかされると、それが潰れるもとになるので、なるべく現金決済に切り替えていくことが大事です。

一見、現金決済は損のような気もするのですが、実際は、それを習慣づけると、絶対に倒産しないのです。経営者の仕事としては、資金繰りが間に合うかどうか、キャッシュフローだけをじっと見ていればよいわけです。

「受取手形をたくさん持っているので、支払手形を切っても、計算上は大丈夫《だいじょうぶ》だ」と思っていても、今は、キャッシュのほうの辻褄《つじつま》が合わなくなって潰れるケースが多いため、キャッシュの流れをしっかり見て、潰れないようにしておく必要があります。

このように述べると、耳が痛い人も多いでしょう。しかし、トヨタ自動車のような大きなところでも、昔から現金決済をしているのです。

そして、あのくらい強い会社になると、今度は、現金で支払う場合でも、手形の割引のように、何カ月分かの金利相当額を差し引いて払い込んだりします。それでも、現金が欲しい会社であれば、それを受け入れざるをえません。そういう強い企業もあります。

普通の会社には、金利分を差し引いて支払えるほどの力はないでしょうが、強いところは、そのようにしているのです。

「現金決済を中心にして、常にキャッシュフローを考える。そして、手元か銀行に資金を置くようにし、借金はなるべく早く返していく」というのがデフレ時代の基本戦略です。

不要な建物や土地等は持たない

二十一世紀全体に通じるかどうかは分かりませんが、少なくとも、二〇二〇年ぐらいまではデフレ基調であり、何か他の要因がないかぎり、トレンドとしては変わらないと見てよいと思います。

「他の要因」というのは、独裁者か何かが出てきて世界戦争が起きたり、宇宙人が攻《せ》めてきて宇宙戦争が起きたりするようなことです。そういう状態になれば、

「戦争の時代」が始まります。そのようなこともないとは言えませんが、現時点では、その可能性は低いでしょう。

そのため、局地戦争等による需要《じゅよう》が見込めたとしても、それは三年か四年ぐらいのものであり、工場を拡張して増産したあとで、パタッと仕事がなくなって潰れます。経営者は、基本的に、そうした〝めったにないもの〟を当てにすべきではないのです。

デフレ基調の社会では、現金の値打ちは上がりますが、物の値打ちは下がっていくので、要《い》らないものは持たないことが大切です。建物や土地等も、必要なもの、利益を生むものだけを持つようにしてください。

それから、今後はレンタル関係も値下がりしていくので、借りることも、それほど悪くはありません。「借り換《か》え」は、十分に有効な方法になります。

大きなトレンドとしては、そのようなことを考えておいたほうがよいのです。

最終の定価を下げ、他社との競争に勝つ

また、デフレ基調なので、「基本的に、商品は値上がりしない」と思ってください。

メーカーであれば、商品の値段がどんどん上がっていけば、ぼろ儲《もう》けになりますが、基本的に値上がりはせず、逆に値下がりしていく傾向《けいこう》にあるのです。したがって、「現時点では、この値段で売ると赤字になる」というぐらいの販売《はんばい》価格で売っても利益が出るようにしていかないと、潰れるということです。

同業他社が激しい競争を仕《し》掛《か》けてくることもありますが、顧客《こきゃく》のほうも、「物の値段は下がって当然だ」と思っています。ですから、現時点で「赤字になる」と思うぐらいの販売価格で売れるように企業努力をしないかぎり、生き残れない時代だと思ってください。

① 安く仕入れて、原価を下げる

そのためにはどうしたらよいかということですが、考えるべきことは、まず、仕入れの値段を下げることです。仕入れのほうを一生懸命《いっしょうけんめい》に叩《たた》くなり、安い業者から仕入れるなりして、原価を下げなければいけないのです。

仕入れの部分で、〝大名商売〟をしていたならば、それを考え直し、どのようにして安く仕入れていくかを考えなければいけません。

今後は、やはり、仕入れのほうで利益を出さなければ駄目です。仕入れ価格を下げ、利益幅《はば》を増やさなければいけないのです。

② 中抜《なかぬ》きを極力外し、直接、最終ユーザーに売り込《こ》む

あとは、流通の部分です。流通の段階で中抜《なかぬ》きをされ、利益を取られている部

デフレ時代の基本的な考え方

□借金をしない

□現金決済に切り替える

□建物や土地等は、利益を生むものだけを持つようにする

□よいものを安く売り、消費を活発化させる

→そのためには、

① 安く仕入れて原価を下げる

② 中抜きを極力外し、直接、最終ユーザーに売り込む　など

分を極力外していくことが、今後の流れです。デフレ基調下では、最終の値段が下がらなければ物は売れないので、流通の途《と》中《ちゅう》で問屋《とんや》や取次などをいろいろ通し、二重にも三重にも中抜きされているようでは駄目なのです。

　このことは、中抜き業者にとっても、死活問題です。これからは、そういう中抜き業者が潰れていくのが基本的なトレンドなので、生き残るのは大変です。なかを取り次ぐとき

に付加価値を生み出せなければ、基本的には潰れていくということです。

メーカーとしては、問屋や取次を通しているようでは、やがて潰れるのは間違いありません。最終ユーザーに商品を直接送り届けるのが、今の流れであり、そのようにして中抜きを減らせば、定価を下げても利幅を確保できるわけです。さらに、前述したように、仕入れ原価を叩いて下げていき、利益幅を増やすことも必要です。

お客様から見れば、値段が安くなるのはありがたいことですが、「二千円のものを千円に」、あるいは、ユニクロ風に「五千円のものを千円に」というような商売をしていくと、そのままでは、普通の企業はみな倒産になります。

そのように、以前なら大赤字が出るような値段で製品を売っても生き延びられるだけの工夫が必要なのです。そのためには、仕入れ原価のところを一生懸命に下げることと、流通経路のところで中抜きをできるだけ外し、直接、最終ユーザーに売り込《こ》んでいくことが大事です。

繰り返しになりますが、中抜き業者は、原則的に潰れる方向にあるので、生き残るのは大変です。そうとう高度な情報提供機能を持つか、付加価値を生むかしなければ、基本的には潰れていくと思わなければいけません。

メーカーは、「製品の値段は下がるものだ」と考えなければいけませんが、昔のように大量生産が利《き》く時代ではなくなっていくでしょう。

また、中抜き業者には、問屋や取次のほか、商社のようなところもありますが、それも基本的には外されていく運命にあります。口銭率《こうせんりつ》もどんどん下がっていき、食べていけなくなるでしょう。苦しいことです。いかにして付加価値を上げるかを考えないと、生き延びることはできません。

さらに、販売を中心にしている企業では、「どれだけコストをかけずに、販売の実《じつ》をあげていくか」という努力をしなければなりません。インターネットの利用なども考えていかなければならないでしょう。

このように、時代の大きな流れとしては、最終製品の定価を下げていき、他社との競争に勝てなければ生き残れないということです。これが基本的な流れであると思ってよいのです。そういう企業努力をしないと、「明日のわが社はない」と考えてよいと思います。

「黒字を出す」ためには、本当に大変な努力が要るのです。いわゆるバブル期においても、赤字企業はけっこうありました。何をつくっても売れたような時代であっても、赤字の企業はたくさんあったのです。

なぜ赤字になるかというと、税金を払いたくないからです。たまに利益が出ると、ボーナスをばら撒《ま》いたり、必要のない土地を買ったり、いろいろな設備投資をしたりして、赤字をつくるわけです。そのような、赤字が習慣になっている企業も多かったのですが、デフレ基調のときには、そういう企業は淘汰《とうた》されていき、基本的に生き残れないと思ってください。

デフレでも経済活動が活発になることがある

ただ、勘違《かん》いしてはいけないのは、「デフレ即不況《そくふきょう》」ではないということです。これは間違ってはいけません。「インフレ即好況」ではないのと同じで、「デフレ即不況」ではないのです。

インフレも、数パーセントぐらいの〝ほどよい〟ものであれば、全体に好調になりますが、上がりすぎると、みな〝貧乏《びんぼう》〟になります。お金の値打ちがなくなると同時に物価がどんどん上がっていって、物が売れなくなるからです。

デフレの場合もインフレと同様、「デフレ即不況」ではありません。デフレになると物の値段が安くなりますが、それによって経済規模が拡大することが、けっこう多いのです。

例えば、ハンバーガーも、値下げをすれば、普段は一個しか買わなかった人が二個買いたくなるかもしれません。あるいは、水着でも、どんどん値段が下がってきたら、一シーズンに新しい水着を一着しか買わなかった人が、三着ぐらい買ってしまうかもしれません。「泳ぎに行くたびに新しい水着を着たい」ということで、安くなったら三着ぐらい買ってしまう可能性があります。

そのように、「物が安くなったから不況になる」というわけではないのです。過去、デフレでも経済規模が大きくなった時代は何度もありました。したがって、基本的に、「デフレ即不況」と考えてはいけません。よいものをつくって、安い値段で売り、取り引きを活発化させていくことに活路を見いださなければいけないのです。消費を活発化させていくということが大事です。

サービス業でも、デフレの時代には、一度に大きな利益をあげるような仕事はなかなかできませんが、安くなることによって客の回転率が上がり、何度も利用してもらえるようにすることは可能です。

そのように、デフレでも経済活動としては活発になることがあるので、「デフレだから、儲からないのだ」と考えるのは早計です。

安くてよいものをつくったり、安くてよいサービスを提供したりするところは、それなりに活路を見いだして、同業者との競争に打ち勝ち、大きくなることはあるのです。

「デフレだから、売り上げが伸《の》びない」ということはありません。ニーズのある分野はどんどん伸びていきます。

特に、そういう時期には、同業者との競争が働いて、はっきりと結果が分かれてきます。

例えば、レジャー施設《しせつ》でも、東京ディズニーランドのように、ソフトに非常に凝《こ》っているところは、不況になっても強いのですが、ソフト力がそれほどでもない地方のテーマパークなどでは、当然、客が来なくなってきます。そのような二極分化が始まってくるということです。

3　黒字体質をつくる

宗教的な人は、利益について罪悪感を持っていることが多い

ここで、「利益」について考えてみたいと思います。

宗教的人格を持った人の場合、「利益」や「黒字」という言葉に対して、何か悪いものであるかのようなイメージを抱《いだ》くことが多いようです。私も、率直に告白すると、二十代のころには、「企業《きぎょう》が利益を追求するのは、やはり悪であり、地獄的《じごくてき》なことなのではないか」という考えを持っていました。

過去の宗教を見ても、原始キリスト教も原始仏教も、共に、お金について、

「欲望を増幅《ぞうふく》し、人を堕落《だらく》させるもの」という、悪いイメージで捉《とら》えています。個人においては、そういう面は確かにあるでしょう。

しかし、当時は、個人レベルでの経済しかなく、現代のように社会レベルで経済が発展し、企業活動が活発な時代というものを見越《みこ》してはいなかったので、そういう部分を見落としているところはあると思います。

イスラム教でも、やはり、必要以上に利益を求めることは、いまだに御法度《ごはっと》の面があるので、社会の発展が後《おく》れています。

このように、世界宗教であっても、お金儲《もう》けに対しては、やや否定的なところがあり、利益をあげることについて罪悪のような言い方をしています。

ただ、キリスト教では、新教（プロテスタント）が出てから、初めて利益の追求と両立するような企業観が出てきました。新教では、「勤勉に働いてお金をためるのは、よいことだ。神の栄光を地上に表すために、神の祝福を得て成功しているのだ」という考えが出てきたため、それで何とか両立しています。

仏教のほうは、釈迦《しゃか》の教えとしては遺《のこ》っていませんが、大乗教団の時代になってから、〝財テク〟が行われるようになったため、やや、そういう遺伝子が入っています。けっこう運用が上手だったようです。仏教教団には商人階級の人が多かったので、教団運営等に商売の遺伝子が少し入っています。

例えば、昔、インドには、ナーランダ学院という一万人の学僧《がくそう》を抱《かか》えていた巨《きょ》大《だい》僧院がありましたが、そこでは、信者の布施《ふせ》を集めて運用を行っていました。

今で言えば、一種の銀行のような感じでしょうか。布施として集まってきた穀物やお金などのうち、余ったものを運用に回していたのです。要するに、穀物がたくさんたまってきて、「これで今年の冬は生き延びられる」ということになったら、余った穀物を種籾《たねもみ》などとして外部に貸し出して利子を得たり、多少はお金も貸し付けて利子を得たりしていました。

托鉢《たくはつ》だけで生活する場合には、「町の人口が何人だったら食べていけるか」を考えなければいけませんが、一万人が食べていくというのは大変なことです。当時は、百万都市などなかったので、一万人に托鉢されたら町は干上《ひあ》がってしまい、ボロボロになるでしょう。それだけ大勢の僧侶《そうりょ》が生活できた理由は、そうした〝財テク〟を行っていたからです。

それは、釈迦の教えとはかなり違《ちが》っているのですが、生きていくための便法として、やむをえず行っていたわけです。

仏教が中国に移ってからは、禅宗《ぜんしゅう》において、「一日なさざれば、一日食らわず」というような教えも出てきます。これは、「働かざる者食うべからず」の語源になった言葉です。

原始仏教では、僧侶が働くことはまったくなかったのですが、中国の禅宗では考え方が正反対になり、「働かない者は食べてはならない」ということで、お坊《ぼう》さんでも、農作業をしたり、いろいろと物づくりをしたりしなければ、御飯を食べられないということを言い出しました。

それは、禅寺にあまり大勢の寄食者《きしょくしゃ》がいると、やはり、働いてもらわなければ経済的にもたないからです。したがって、こういう原理は、運営のレベルにおいて、当然、あとから入ってくるようになります。

そのように、社会の実態に合わせて、ある程度、考え方を変えていかなければならないと思います。

利益は、企業《きぎょう》が成長・発展するためのコスト

さらに、利益というものを、「欲」と捉える考え方もありましょうが、企業《きぎょう》のレベルで見ると、やはり、利益というのは、単なる欲望ではなく、企業体としての会社が生き延びていくために、どうしても必要なコストであるわけです。

利益を持っていることは、一種の保険のようなものであり、利益が出なければ、それは、やがて会社が潰《つぶ》れることを意味するのです。一定の利益幅があることによって、例えば、設備投資ができたり、新しく工場をつくれたりしますし、あるいは、突如《とつじょ》、経済変動が起きて不況《ふきょう》になったとしても、それに耐《た》えて生き延びることができます。利益には、そういう保険の側面があるので、それ自体を悪と考えてはいけないのです。

ピーター・ドラッカーは、いみじくも、「いかなる大天使が経営管理者になったとしても、利益というものを無視することはできないだろう」ということを述べていますが、そのとおりでしょう。利益の部分を無視したら、企業が生き延びることはできません。

「利益が出たので、全部、ばら撒《ま》いてしまおう」などということを一生懸命《いっしょうけんめい》にやっていたのでは、企業体としては生きていけません。それは、「社員がみな、失業する」ということを意味するのであり、もっと大きな悪を生むことになるわけです。

そういう意味で、利益、利潤《りじゅん》は、第一目標ではないとしても、企業が成長し発展するためには、どうしても必要なものだと思わなければいけません。そういう考え方が必要だと思います。

そのように、経営には、二律背反する面があるので、よく考えなければいけないのです。

例えば、松下電器（現パナソニック）の松下幸之助は、有名な「水道哲学《てつがく》」を説きました。それは、「水道の水は、ただみたいなものだから、誰《だれ》が飲んでも『泥棒《どろぼう》』とは言わない。そのように、電気製品をずっと安くしていけば、人々の生活が潤《うるお》い、豊かになるだろう」というものです。

しかし、彼は、そういう水道哲学を説く一方で、「ダム経営論」を説き、「利益のダムをつくる必要がある」と言ったり、あるいは、「適正利潤を取らなければいけない」と言ったりしています。そのように、禅問答のごとく、相矛盾《あいむじゅん》することを言っているのです。

電気製品を水道水のように安くするのであれば、利益を取ってはいけないでしょう。何かのおまけのように、ただでばら撒かなければいけませんが、実際には、きちんと、「適正利潤の大切さ」も言っているし、「ダム経営」も言っています。

こういう矛盾に耐えられなければ、経営は成り立たないのです。両方を知っていて、きちんと使い分けなければいけないのです。

新しい価値を創造し、付加価値を高める

さらに、企業には黒字体質が必要ですが、これは、デフレ基調のなかでは、基本的に「付加価値」の問題になります。この世に今までなかった「新しい価値」

を創造するということです。

製品で言えば、「新しい技術を含《ふく》んだものをつくっていく」ということです。そして、その新しい技術を含んだ製品を、「他社ができないような安いコストでつくっていく」ということも、付加価値を生みます。

また、サービスであれば、「今まで誰も考えたことがないような、より一層、きめの細かいサービスをしていく」というようなことでもありましょう。

例えば、昔は、メーカーの人は語学があまりできなかったので、商社マンが通訳代わりに仲介《ちゅうかい》をし、商売をさせてもらえましたが、今は、メーカーでも、社内で一生懸命に英語検定を行ったり、ＴＯＥＩＣ《トーイック》やＴＯＥＦＬ《トーフル》などを受験させたりして力をつけているので、商社も鞘《さや》を取ることができなくなってきています。メーカーの内部で独自に語学要員を養成し、直接、海外へ売り込《こ》みに行くほうが儲かるので、仲介する商社を外すようになってきているのです。

そのように、商社が語学力だけで付加価値を生むのは難しくなっています。語学以外に、カントリーリスクの分析《ぶんせき》をしたり、あるいは、ダムや発電所など、現地で、ゼロからいろいろなものをつくっていくようなところまでしないと、商社も生き延びられなくなってきています。

このように、付加価値を生むためには、常に、「何か新しいものをつくり出そう」という気持ちを持たなければ駄目《だめ》なのです。

したがって、企業のトップ、あるいは重役陣《じん》等は、常に、「新しいアイデアはないか。今まで誰も気がついていないようなものはないか」ということを考え続けなければいけません。

そのためには、メモ用紙やノート類を、いろいろな場所に置いておき、何か思いついたときに書き留めておくことが大事です。そうしないと忘れてしまいます。

お風呂場《ふろば》であろうが、トイレであろうが、寝室《しんしつ》であろうが、いろいろな所でメモを取れるようにしておき、忘れないうちにパッと書き留めることです。

また、人と話をしていても、参考になることがあったらパッと書き留めておかなければいけません。

そういうアイデアをたくさんためて寝《ね》かせておき、そのなかで生かせるものはないかどうかを考えるのです。

すぐに使えるアイデアというのは、大したことがありません。アイデアは、寝かせておくと、何かの折に、ほかのものと結びついて使えるようになることがあるのです。

単なる思いつきでは駄目で、アイデアを熟成させることが必要です。たくさん持っているアイデアをほかの条件と絡《から》ませながら、いろいろと考えていくことで、付加価値を生むものが出てくるのです。その熟成のプロセスを経なければ駄目なのです。

チーズでもそうでしょう。白カビを生やしたカマンベールチーズなどは子供も好きですが、普通《ふつう》、ただカビが生えただけのチーズは食べません。黒カビが生えたチーズなどは、「食べてくれ」と言っても誰も食べませんが、上手にカビを生やして熟成させると、まろやかな味と独特の風味が出て、おいしく食べられるようになるわけです。この差なのです。

最初は、おそらく、「カビが生えたチーズを食べたら、たまたま味がよかった」という、偶然《ぐうぜん》の発見だったのでしょうが、それを技術的に工夫して、さらによい品質のものをつくれるようにしていかなければ駄目なのです。

アイデアも、最初のうちは、突如ひらめくものですが、次は、偶然ではなく、必然的に、それが成果に結びついていくようにしなければならないのです。アイデアが、だんだんと成果につながるような訓練、習慣づけをしていく必要があります。

4 朝令暮改《ちょうれいぼかい》を恐《おそ》れない

経営環境《かんきょう》は日進月歩で変化する

さて、新しく会社をつくって事業を起こしていく起業家は、いろいろなことを思いつくアイデアマンであるのが普通《ふつう》です。その上、環境《かんきょう》の変化が次々と出てくるため、そのつど、考え方を変えなければいけなくなるのです。

そのときに、「いったん決めたことは、十年間は変えない」「二十年間は変えない」などと言えば、まるで武士のようでかっこよく、男らしいのですが、現実にはそうはいきません。やはり、変えざるをえないのです。

会社の方針や判断、決裁等について、「十年間、変えなくてよい」というようなところは、役所のようになった組織でしょう。また、昔から続いている老舗《しにせ》のように、絶対に大きくせずに一定の規模を守り続けているところもそうかもしれません。そういうところでは、「いったん決めたことは、十年ぐらい変えなくてよい」ということもありえます。

しかし、ベンチャー系など、独立して企業《きぎょう》を営む人の場合は、次から次へと、アイデアも浮《う》かぶし、環境も変わるし、人も変わるし、いろいろなものが変わっていきます。そのような、日進月歩の世界なのです。

そこで、大事なのが、「朝令暮改《ちょうれいぼかい》を恐《おそ》れるな」ということです。

経営者として、「朝に出した命令を夕方に撤回《てっかい》する」というのは、恥《は》ずかしいことです。朝、「このようにせよ」と言って、夕方に、「やっぱりやめておこう」と言うのは、非常に〝かっこ悪い〟ことです。

従業員たちも、「うちの社長の言うことは、どうなるか分からない。今日の夕方には撤回するだろうから、明日になってからやろう」「来週になっても、同じことを言うかどうか、それをもう一回聞いてからにしよう」などという感じになっていきます。

そのように、恥ずかしい思いはするのですが、それでも、考えを変えなければいけないことがあるのです。

経営者のなかには、「朝令暮改では遅《おそ》すぎる。〝朝令昼改《ちゅうかい》〟でなければ駄目《だめ》だ。朝に言ったことが、昼に変わるぐらいでなければ発展しない」と言った人もいます。そのくらい、新しい情報やデータなどが入ってくると、考えが変わるものなのです。

結果がベターになるなら判断を変えるべき

大多数の従業員にとっては、昨日の延長が今日であり、今日の延長が明日であるので、そのような激変はありません。しかし、経営者だけは非常に焦《あせ》っていて、新しい情報に基づき、「これは大変なことになった。潰《つぶ》れるかもしれない」などと、大騒《さわ》ぎしているわけです。

これは、周りから見れば本当に滑稽《こっけい》であり、ピエロのように見えるかもしれません。「朝に言ったことが、昼には変わった。昼に言ったことが、夕方にまた変わった。明日はどうなるのだろう」と、みな笑いますが、考えを変えないと会社が潰れることがあるのです。

経営者は、笑っている従業員の翌月の給料が出るかどうかを心配しているのですが、笑っている従業員のほうは、そんなことはまったく心配していないのです。

考えを変えなければいけないときには、その日のうちにでも変えなければいけませんし、三時間後でも、一時間後でも、変えなければいけないことはあります。あまりコロコロと変えるのは、ほめられることではありませんが、どのような場合に変えなければいけないかというと、「そのほうが、結果がベターになる」と判断したときです。

面子《メンツ》にこだわってはいけません。たとえ、従業員から、「社長、今年の年頭の訓示では、インフレに備えなければいけないとおっしゃっていましたよ」と言われたとしても、デフレになった場合には、「そうか。私は、インフレになると思ったけれども、デフレになった以上、考えを変えなければいけない」と言わなければならないのです。

また、「デフレに対応せよ」と言っていても、物価が上がってきたら、「しかたがないな。インフレだから、考えを変えよう」と言わなければならないのです。

これはしかたがありません。

それを変えなくてよいところは、要するに、〝潰れない企業〟です。役所系や、国の許認可を得て設立された団体のようなところは、十年、二十年と、同じ方針でやっても、あるいは、戦前につくった法律の下《もと》に活動していても、潰れないことがあります。

ただ、最近は、そういうところでも傾《かたむ》いてきていますし、ましてや、個人が経営責任を持っているところでは、考えを変えなければいけないのです。

勝手にコロコロと変えてよいわけではありませんが、「変えたほうが、結果がベターになる」と判断した場合には、変えるべきです。これは、たとえ恥をかいたとしても、恐れてはいけません。

従業員は、「うちの社長は、考えがしょっちゅう変わる」と言って、当然、笑うでしょうが、結果がよくなっていけば、だんだん何も言わなくなります。最初は笑われますが、それを覚悟《かくご》して、押《お》し通していかなければならないのです。もっと儲《もう》かる方法を思いついたり、もっとコストを下げる方法を思いついたり、もっとよい人事を思いついたりしたときには、やはり変えなければ駄目です。そのときに判断が遅《おく》れたら、その分だけロスが出ます。

判断を変えたことの正しさは、やはり実績でもってきちんと証明していくことが大事です。

もちろん、判断したことが、全部、当たるわけではありません。野球のバッターでも、打率が三割台であれば、かなりの強打者ですし、ホームランも、それほどたくさん打てるわけではありませんが、三振《さんしん》を恐れていたらホームランバッターにはなれません。

たいていは、ホームランを打った数よりも三振の数のほうが多いのです。例えば、ベーブ・ルースは七百本以上のホームランを打ちましたが、三振は千数百回もしています。三振のほうが多いのは、しかたがないことです。

したがって、「周りが納得する〝打率〟はどのくらいか」ということを、考えておかなければなりません。

5　ときどき「踊《おど》り場」をつくり、全体のバランスを取る

「生産」「販売《はんばい》」「経理」のトライアングルを安定させながら伸《の》ばしていく

もう一つ、経営者が知っておかなければならないことは、「企業《きぎょう》の成長には『踊《おど》り場』がある」ということです。

この「踊り場がある」ということ、あるいは、「踊り場があるべきだ」ということを知らないがために、会社が潰《つぶ》れることも多いのです。

例えば、たまたま製品がヒットすることがあります。時代環境《かんきょう》によって〝追い風〟が吹《ふ》き、急激に売り上げが伸《の》びたため、「従業員を増やしても、工場を増や

しても、生産が追いつかない」ということもあるわけです。

そのようなときに、一直線に伸びていくような幻想《げんそう》を抱《いだ》きやすいのです。「まだまだ無限の可能性がある」と思って、ガーッと突《つ》っ走ってしまい、それで潰れることが多いのです。

経営指標は、「売り上げ」だけではありません。「毎年、倍々ゲームで売り上げを伸ばす」「二割、三割、伸ばす」「五割、伸ばす」というように、単に売り上げを伸ばすことだけが目的で、経営をしているわけではないのです。

また、「利益」だけを目的に経営をしているわけではありませんし、「支店数」だけを目標に経営をしているわけでもありません。経営においては、いろいろな指標をトータルでバランスさせて運営することが大事なのです。

経営にはバランスが必要であり、ある部分の調子がよかったとしても、「全体のバランスが崩《くず》れたら潰れる」と考えてよいでしょう。

新しく起こされた企業の七、八割は、物づくりを中心とした技術系です。あとの二、三割は、サービス系や、既存《きそん》のものを売る販売《はんばい》系などですが、たいていは技術系なのです。

技術系の企業における、初期の段階の経営は、まず、「生産」です。要するに、技術を使って物をつくることです。次に、「販売」です。それから、「経理」です。初期の経営には、この三つがあります。

大多数は、従業員が五十人以下の企業だと思いますが、従業員が百人ぐらいまでの間は、「生産」「販売」「経理」の三つのトライアングル（三角形）が安定していないと潰れるのです。

技術系企業の社長は、アイデアマンの技術者であることが多いので、何らかの技術を開発し、それに基づいて新商品ができたりするのですが、いくらよいものをつくっても、例えば、「販売力」が弱ければ、その商品は〝無駄死《むだじ》に〟します。

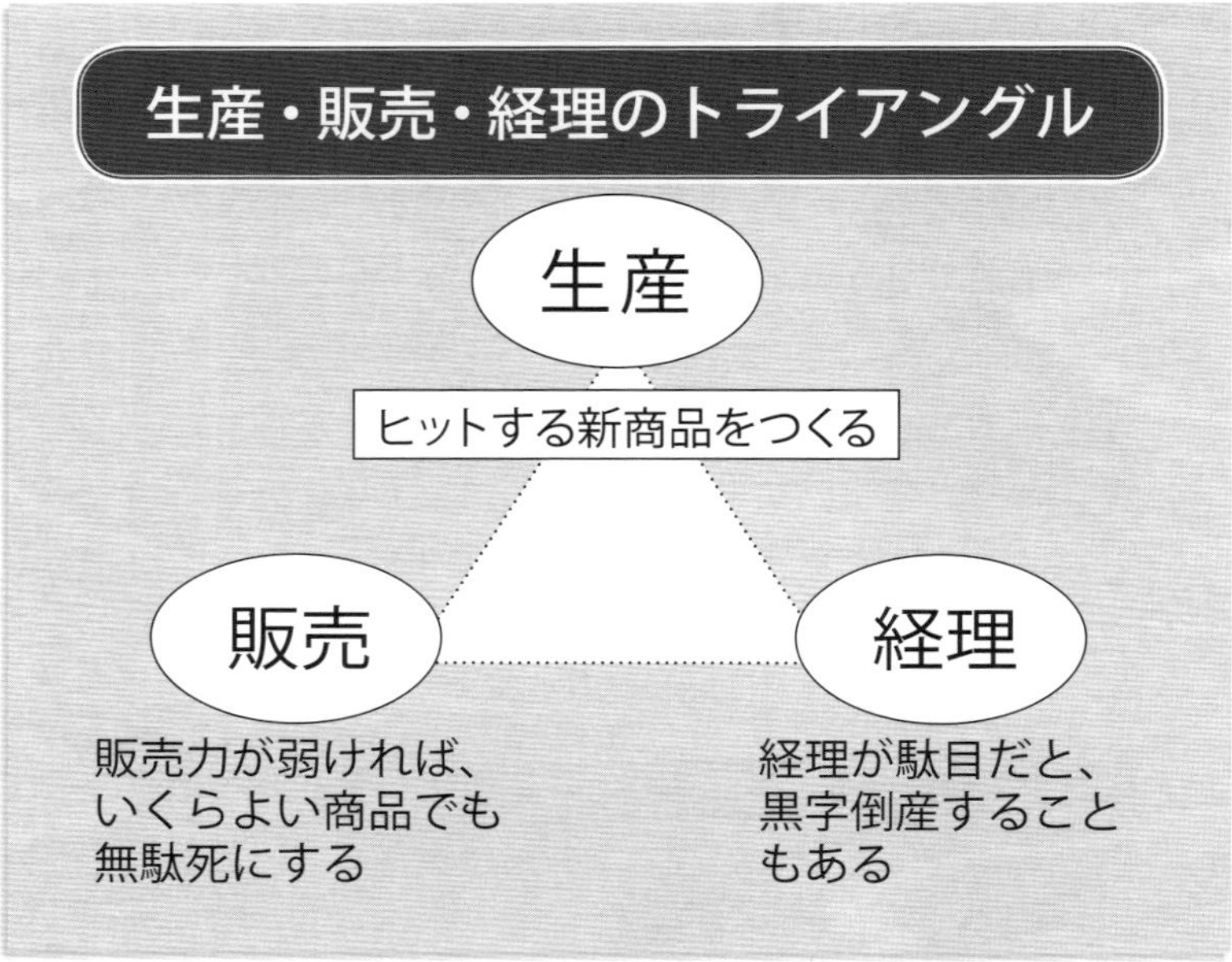
生産・販売・経理のトライアングル
生産
ヒットする新商品をつくる
販売
経理
販売力が弱ければ、いくらよい商品でも無駄死にする
経理が駄目だと、黒字倒産することもある

つまり、よい商品でも、それを売る組織に十分な「販売力」がなければ、商品が無駄になってしまうのです。本当はもっと売れるはずのものが、小さな範囲《はんい》でしか売れず、かかった開発費を回収できずに潰れることがあるのです。

また、「生産」と「販売」がよくても、「経理」のほうが駄目だったら、よく売れていても潰れることがあります。これは「黒字倒《とう》産《さん》」といわれるものです。

確かに、売り上げは増大しているし、支払手形を切ったり、受取手形を貰《もら》ったりして、帳簿《ちょうぼ》上は儲《もう》かっているはずなのに、実際には現金がなくて潰れることがあるのです。これが黒字倒産です。

普通《ふつう》は赤字で倒産するものですが、黒字でも倒産することがあるのです。特に、急成長企業の場合は、黒字倒産に気をつけなければいけません。

黒字倒産をする場合は、たいてい、「生産」「販売」「経理」のバランスが悪く、社長の目が、技術や生産のところばかりに向いていたり、あるいは、社長が営業・販売系出身で、「とにかく売り上げさえ増えればよい」と考えていたりします。このように、見えていない部分があるために黒字倒産するのです。

したがって、「生産」「販売」「経理」の三角形が釣《つ》り合っていることが必要です。三つのうちの一つが突出《とっしゅつ》していても、どれかが弱いと急拡大したときに潰れてしまいますし、不況期《ふきょうき》に入っても潰れるのです。ですから、単に売り上げを伸

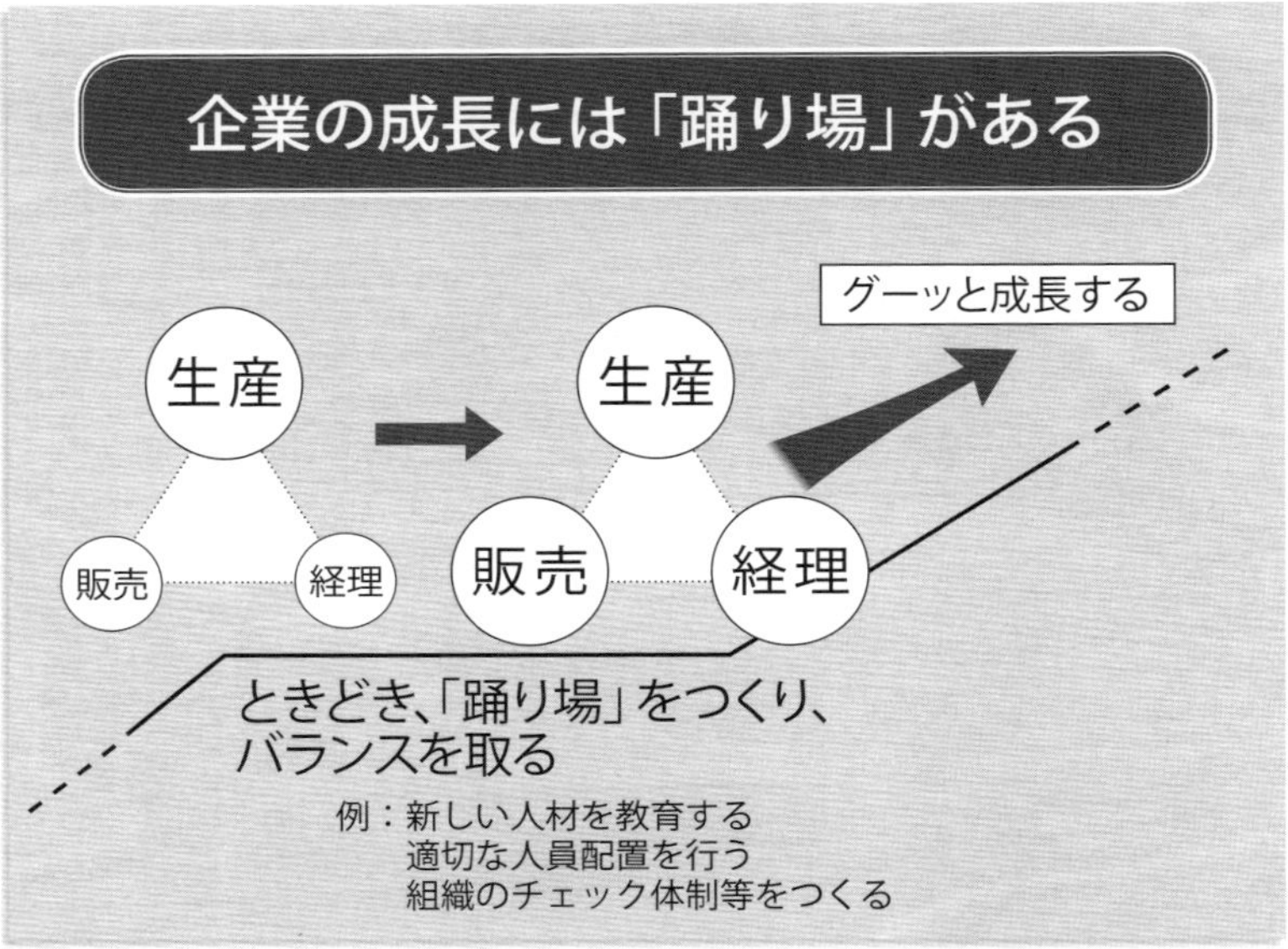
企業の成長には「踊り場」がある
グーッと成長する
生産
販売
経理
生産
販売
経理
ときどき、「踊り場」をつくり、
バランスを取る
例：新しい人材を教育する
適切な人員配置を行う
組織のチェック体制等をつくる

ばせばよいわけではなく、バランスを取りながら伸ばさなければいけないということです。

ただ、実際上、それはなかなかできることではありません。商品がヒットすると、どうしてもそのことに夢中になってしまい、ほかの部分に目が行かなくなります。そこで、ときどき「踊り場」をつくる必要があるのです。

三年ぐらいグーッと成長したら、そのまま伸びていきたいところですが、一年ぐらいは少し我慢《がまん》して、組織全体のバランスが取れているかどうか、新しい人材の教育ができているかどうかなどを確認しなければいけません。

そのあたりをしっかり詰《つ》めていかないと、成長していても潰れることがありますし、ましてや、不況のときには、さらに危険です。要するに、バランスが取れているかどうかが大事なのです。

従業員が百人を超《こ》えたら「財務の目」が必要

技術系の社長の場合、最初は経理が分からないことが多く、銀行などから、「売り上げはいくらですか」「利益はいくらですか」と訊《き》かれても、「分かりません。経理に訊いてください」というような感じだったりします。

しかし、経理というのは、経営ではないのです。小さな会社の社長のなかには、これを勘違《かんちが》いしている人が数多くいます。

経理は、あくまでも、理科の実験室にある「人体解剖模型《かいぼうもけい》」のようなものであり、生きているものではありません。人体解剖模型では、血管や骨格、内臓の様子などがいろいろ分かるようになっていますが、経理というのは、だいたい、あのようなものであって、経理そのものが経営ではないのです。

一方、経営というのは〝生き物〟です。これは、死んだ人間を解剖するのとは違って、生かさなければいけないわけです。要するに、「潰れないようにしなければいけない」ということです。

したがって、一定規模の会社になると、「経理の目」以上の「財務の目」が必要になります。規模が小さくても要《い》ることは要るのですが、少なくとも、従業員が百人を超《こ》えたら、「財務の目」が必要になるでしょう。

「財務と経理は何が違うのか。似たようなものではないか」と思うかもしれません。しかし、経理のほうは、会社の状況を数字で見て、「これは、もう、一週間以内に〝御臨終《ごりんじゅう》〟です」という判断を下すものですが、財務のほうは、「会社が〝死なない〟ようにするにはどうしたらよいか」ということを考えるものです。つまり、「このままでは会社が死ぬ」と思ったときに、「死なないためにはどうするか」を考えるのが財務なのです。

そのためには、例えば、お金を借りてくるなり、何かを売り払うなり、新商売を始めるなりする必要があります。「もっと定価を上げないと駄目だ」「もっとこういう工夫をすべきだ」などと、一生懸命《いっしょうけんめい》に智慧《ちえ》を絞《しぼ》り、会社が死なないように、あるいは、会社が健康体になるようにしなければいけません。このように、お金という〝血液〟の循環《じゅんかん》をよくすることを考える仕事が発生するのです。

社長は、こうした「財務の目」も持たなければいけません。まずは、「経理の目」が要りますが、次には、「財務の目」も必要です。会社が、「そのままでは死んでしまう」というときに、「死なないようにするにはどうしたらよいか」を考えなければいけないのです。

経営者は、「生産」「販売」「経理」のうち、どれか一つに強みがあるのが普通ですが、自分の弱点のところが疎《おろそ》かになっている場合には、それ以上、会社が大きくなると危ないと思ってください。

販売だけが得意な社長は、経費を気にせず、とにかく売り上げを伸ばすことに重点を置きがちですが、経理的な部分が見えなくては駄目ですし、製品の品質が悪くても駄目です。

したがって、企業が大きくなっていくときには、それらのバランスの取り方が大事です。そして、さらに大きくなった場合、「財務」「人事」「総務」などの間接部門がしっかりしていなければ、やはり潰れます。

社長に代わって、いわば社長の分身として経営を見る人がいないと、潰れていくようになるのです。

お金の管理を他人に任《まか》せないと、企業は大きくならない

単に、売り上げが一直線に伸びることが企業の成長だと考えたら、それは間違いであり、やはり、バランスを取りながら発展する必要があります。そのためには、適切な人員配置を行うとともに、組織のチェック体制等もつくらなければいけないのです。

従業員が五十人ぐらいまでの会社であれば、社長自らが会社の通帳と印鑑《いんかん》を握《にぎ》っていて、他人に触《さわ》らせないよう、常に持ち歩いたりしているケースが多いと思いますし、社長の奥《おく》さんが有能な場合には、奥さんが経理を担当していることも多いでしょう。

ただ、従業員が百人を超えると、奥さんが経理を担当するのは無理になるということを覚えておいてください。専門の経理担当者を置かなければ駄目なのです。

「他人にお金を触らせるのは怖《こわ》い」という気持ちはよく分かります。実際に、そういう小さな会社では、社長がゴルフをしている間にお金を持ち逃《に》げされたり、お金を使い込《こ》まれたりすることはよくあります。しかし、会社を大きくしたければ、お金のところを他人に任《まか》せるようにしなければならないのです。

社長が、いつも通帳を持ち歩き、自ら判子を押《お》さないと決済ができなかったり、あるいは、社長の奥さんがお金のところを一手に握っていたりしたのでは、百人を超える規模の企業にするのは無理だと思ってください。「どうしても他人が信用できない」というならば、大きくはなりません。

「会社を大きくしたい」と思っても、自分の性格を見て、「他人に通帳や印鑑を渡《わた》すことはできない。それでは何をされるか分からない」と思うようであれば、企業を大きくはせず、小さいままでいたほうがよいと思います。

やはり、お金の管理を他人に任せなければ、企業は大きくなりません。小さいところは人材もあまりいないのは事実ですが、他人に任せることができないのであれば、大きくしないほうが安全だと思います。

経営者としての自分を「第三者の目」で見て反省する

企業が大きくなるにつれて、経営者や重役陣《じん》は、自分のために生きることができなくなってきます。自分の本能や感情だけで判断することが許されなくなり、「自分は、一種の機能である。会社のトップとしての機能、あるいは、役割、機関なのだ」というイメージが必要になってくるのです。

それは、「第三者の目、他人の目で、自分を見ることができる」ということでもあります。自分の考え方、判断、行動等を、第三者の目で見るような訓練をしないと、経営者や経営管理者としての成長はありません。

そのような目で自分を見ることができず、感情のままに判断するようならば、企業を大きくするのは無理です。「社長としては、よい仕事ではないな」「社長の判断としては、三十点かな」「社長がこういうことをしてはいけないな」などということが、第三者の目で見えるかどうかです。これができなければ、経営者としても成長しませんが、企業としても成長しないと思ってよいでしょう。

それでは、いかにすれば、第三者の目で見ることができるのでしょうか。

それは、前述した、お金に関する透明性《とうめいせい》と、まったく同じです。他人の目が入るということは、「透明性が増す」ということなのです。

そして、「透明性が増す」ということは、「自分の自由にはならなくなる。会社のお金を自由に使えなくなる」ということを意味します。

規模が小さいところは、どこも〝丼勘定《どんぶりかんじょう》〟です。政治家の事務所と同じで、「何にお金を使っているのか、〝丼勘定〟でさっぱり分からない」という場合がほとんどですが、規模が大きくなると、お金のところに人の目が入ってくるようになります。

人の目が入っても堪《た》えられるようにするには、要するに、「きれいなお金」にしなければいけないということです。「きれいなお金」にするためには、自分の主観を排《はい》し、「このことに、お金を使ってよいかどうか」という客観性が出てこなければいけないのです。

つまり、第三者の目で自分を見て、「これは、よいお金の使い方だが、これは悪いお金の使い方である」という適切な判断ができるかどうかです。

こうした目ができれば、本人も成長し、会社も成長するようになります。しかし、この目ができなければ、会社を成長させることは無理です。

幸福の科学には「反省」の教えがありますが、企業経営者としては、そのような反省の仕方をするとよいと思います。

例えば、従業員の目でもよいし、銀行の目でもよいし、取引先の目でもよいし、宗教家の目でもよいですが、そういう第三者の目で、自分の考え方、行動、判断などを見て、それが適切かどうか、正しいかどうかを反省する訓練をしてください。その見方が客観的になればなるほど、企業は大きくなっていきます。そういうことが大事です。

もちろん、従業員の目は、経営者の目とは違うので、彼らが不平不満や愚痴《ぐち》のたぐいを言う場合も多いとは思います。

例えば、「おれたちは、ネジ釘《くぎ》一本無駄にしただけでも、うるさく叱《しか》られるのに、社長は、しょっちゅうゴルフに行っている」などと言われます。社長の考えとしては、「ゴルフに行くことで、重要な得意先をつかまえているのだ。顧客《こきゃく》を押さえているのだから、きちんと商売になっている」という判断が働いているのですが、従業員のほうは、「社長は、水曜日にゴルフに行っている。まだ週の半ばなのに、朝からゴルフに行って帰ってこない。それなのに、おれたちは、安月給のままで、全然、変わりやしない」などと言うわけです。

これは、どの会社にもある基本的な構図です。その意味で、社長と従業員の意見はずっと合わないものなのですが、その「社長は遊んでいる」という従業員の意見に対して、「ゴルフは、商売上、大事なものなのだ」という社長の考えが、第三者の目で客観的に見て、どの程度の妥当性《だとうせい》があるかです。これを見なければいけないのです。

客観的に見て、妥当性があると思える場合には、従業員が文句を言ったとしても、やはり商売上必要なものとして、ゴルフをすべきでしょう。

ただ、「従業員が文句を言おうが、ほかの人がどう見ようが、月曜日から日曜日まで、毎日ゴルフをしている」ということになると、さすがにこれはおかしいということが分かります。これは、程度の問題だと思います。

そのように、社長と従業員の意見はぴったりとは合わないものですが、できるだけ第三者の目で見て、適切かどうかの判断をしていったほうがよいと思います。

したがって、「ときどき『踊り場』をつくって全体のバランスを取り、経営者としての自分を『第三者の目』で見る」という考え方を忘れないでください。

6　理想は大きく、戦いは手堅《てがた》く

理想を持ち、それを実現しようとする経営者に、人はついてくる

「会社が潰《つぶ》れないように」という考えが、時代の主流であるかもしれませんが、ただ、経営者が、あまりにも小さいことばかり言いすぎると、企業《きぎょう》が大きくならないことも事実です。

やはり、理想を持っていない人には、誰《だれ》もついていきません。社長が理想を持っている場合には、たとえ安月給でも、けっこう人がついていくものですが、社長が理想を持っていない場合には、人がついていかないのです。

したがって、理想を持ち、それを実現していくことを考えなければいけません。

特に、お金の問題で言えば、経営規模が年商一億円ぐらいまでの経営者というのは、税金が惜《お》しいため、「何とか税金をごまかせないか」と思っていることが多いのです。年商一億円ぐらいの規模までは、かなりお金の自由が利《き》くので、「何とかうまく操作して、税金を安くできないか」と考え、ごまかし始めます。

もちろん、正当な節税はよいのですが、たいてい、年商一億円に届くまでの途《と》中《ちゅう》で、税金をごまかすようなことが起きやすいのです。

こうしたときに、税金をごまかしていることが発覚する場合があります。それは、たいてい、会社を辞《や》めた元従業員などが、税務署に密告したりするからです。会社に不満を持っているため、そういう意地悪をするわけです。

「社長は、遊びながら儲《もう》けているのに、自分たちは、安月給で働かされたあげく、クビになった」というようなことを漏《も》らし、それで税務署が調査に入ってきて、脱税《だつぜい》で摘発《てきはつ》されるのです。これは、だいたい年商一億円ぐらいの規模のときに起こります。

このときに、「人が見ていなくても、やはり悪いことをしてはいけない。経営者が、脱税のほうにエネルギーを使っていたのでは、企業は成長しない。やはり、払《はら》うべきものはきちんと払い、透明性《とうめいせい》を高めて、本業で発展しなければいけない」と、心を改めると、年商一億円の規模が、三億円や五億円に膨《ふく》れていくようになります。

年商一億円ぐらいまでの企業には、個人商店的なところが多いので、そういうごまかしをよくやるのですが、この誘惑《ゆうわく》と闘《たたか》う勇気を持たなければいけません。そういうごまかしをしているところが、年商五十億円や百億円の企業になることはまずないので、気をつけてください。

ダイエーやイトーヨーカドーのように大きくなった企業も、元は個人商店でしたが、レジなど、お金の取り扱《あつか》いのところは、早々と他人に任《まか》せていました。やはり、それを他人に任せるだけの自信があったということでしょう。

脱税の誘惑は来ると思いますが、税金をごまかしていると絶対に大きくならないので、それを乗り越《こ》えなければいけません。最初は〝丼勘定《どんぶりかんじょう》〟でしょうが、それを、できるだけ、客観的な目、公平な目で見ておかしくないものに変えていく必要があるのです。

そのように、理想をしっかりと持ち、それを現実に実行することが大切です。そうすると、周りの人もついてくるようになります。

「出《い》ずるを制して入るを量《はか》る」が、経理・財務の基本

会社が倒産《とうさん》する原因は、ほとんどが放漫経営《ほうまんけいえい》ですが、その放漫経営のもとにあるのは、私がときどき槍玉《やりだま》に挙げている、「光明思想《こうみょうしそう》」的な考え方です。

ただ、ある程度、光明思想的な考え方ができないと、経営者、特に一代で企業を起こすような人にはなれません。

例えば、「この事業の未来は明るい」と思うものに賭《か》けたり、人を信用したりできることが必要です。「この人は、成功して立派になるのではないか」「この人は、幹部や重役になれるのではないか」という目で人を見て、期待をかけられるような経営者でなければ、企業は大きくならないのです。

特に創業者は、そういうタイプであることが必要であり、「人を見たら泥棒《どろぼう》と思え」というような目で見ていては、企業は、まず大きくはなりません。

したがって、光明思想型の人、つまり、「未来には明るいことが来るのだ」と思っている人でなければ、起業家にはなれないのが普通《ふつう》です。

しかし、そういう人が失敗する原因は、ほとんど放漫経営なのです。「何とかなる」と、楽観的に考えがちであるため、前述のように、「三カ月後には、何とか資金繰《ぐ》りができるのではないか」などと思って手形を切り、結局、その手形が落ちなかったりするわけです。

発展的なものの考え方を持つことはよいのですが、この経理・財務的なところに関して、きちんとした哲学《てつがく》を持っていないと駄目《だめ》なのです。

「入ってくることを期待して、出るものを決める」という人は、経営者としては倒産するタイプです。「将来、お金が入ってくる」ということを前提にして、先にお金を使う人は多いでしょう。人類の比率としては、九割がそうです。「あとでお金が入ってくる」と思って、先に使ってしまう人は、比率としてだいたい九割はいます。

こういう人は、「給料を貰《もら》う側」にいたほうがよく、「給料を払う側」になると危ないのです。給料などの人件費も、事務所の経費も、毎月毎月、出ていくものです。ですから、「来月、入るだろう」と思って、払うほうだけを先に固めるような人は、基本的に倒産するのです。

発展的な思い自体はよいのですが、お金を中心とする実務においては、逆に考えて、「出《い》ずるを制して入るを量《はか》る」というのが基本戦略です。

要するに、入ってくることを先に考えるのではなく、「お金ができるだけ外に出ないようにするにはどうするか」を常に考えながら、その上で、「お金が入ってくるにはどうするか」を考えるのです。まず、「出ずるを制し」、その後に、「入るを量る」、つまり、どうすれば収入が増えるかを考えるということです。

特に、「将来、収入になるから」と思って、先に、広告宣伝費を派手に使ってしまったり、売れるかどうかも分からないのに、どんどん工場を建てたり、事務所を開いたりしてはいけません。

また、放漫経営の、もう一つの原因としては、仕事能力のない人たちに、不相応な役職を与《あた》えてしまうことがあります。役職が付くと部下をたくさん持ちたが

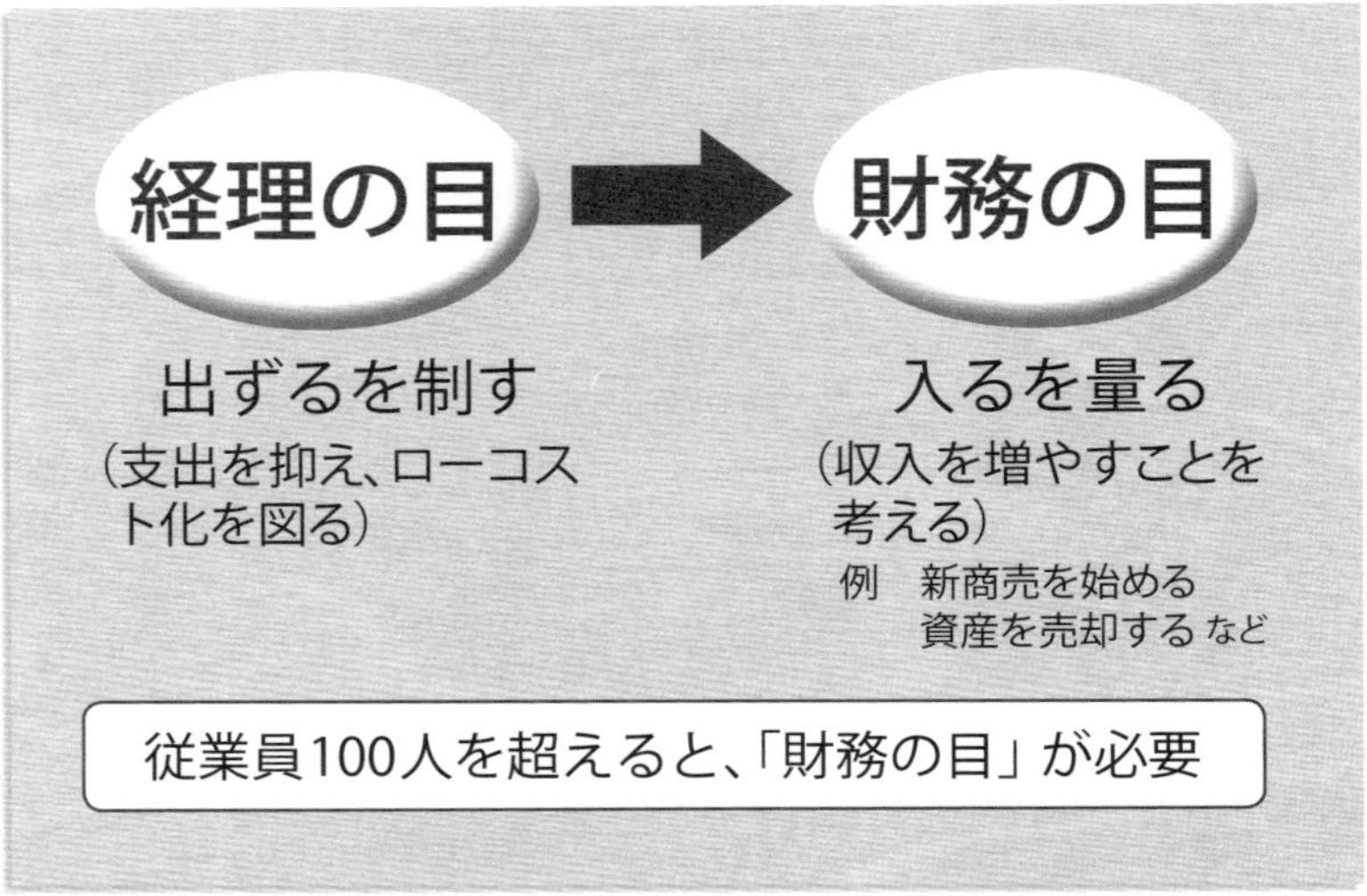
経理の目
財務の目
出ずるを制す
（支出を抑え、ローコスト化を図る）
入るを量る
（収入を増やすことを考える）
例　新商売を始める
資産を売却する など
従業員100人を超えると、「財務の目」が必要

りますし、次には、店や事務所などを持ちたがるようになります。そのように、社員に優《やさ》しすぎると放漫経営になりやすいのです。

経営改善をしたければ、まず、「出ずるを制す」で、支出のほうを抑《おさ》えなければいけません。それ以上お金が出ていかないように、あるいは、出る金額が少なくなるように、できるだけローコスト化を図っていくことです。

さらに、そのようにしながら、「入るを量る」で、収入のほうを増やしていくにはどうするかを考えるわけです。基本的に、これが財務の機能です。経理は、出るほうを制することは言ってくれますが、入るほうについてはあまり言ってくれません。

要するに、「出るほうを抑えながら、入るほうを増やしていく」という機能を持つ必要があり、それを考えることができれば、倒産はしないのです。

経営者は、発展的な考え方を持っていてもよいのですが、この部分だけはきちんと押《お》さえていないと、企業の維持《いじ》はできません。

能力に応じた人材の伸《の》ばし方

さらに、部下に対しては、基本的に期待をかけなければいけませんし、仕事を任せなければいけません。

その意味で、「自分にしかできない」と思うような経営者は、あまりよくないのです。「人を使える」ということは、「自分の仕事の範囲《はんい》が広がる」ということを意味します。やはり、一人仕事には限界があるので、常に、「自分でなくてもできるものは何か」を考え、やり方をきちんと教えて、人に任せていく訓練が必要です。

少なくとも、七割から八割ぐらいは、人に任せたいところです。訓練によって、できるだけ人に任せていき、要所はチェックしたとしても、実際上の作業は自分がやらないようにしていかなければ、企業が大きくなることはありません。

つまり、部下に期待し、任せ、さらに掌握《しょうあく》しなければいけないのです。そのときに、部下の能力の特徴《とくちょう》や性格の長短をよく見て、「この人は、ここは大丈夫《だいじょうぶ》だが、ここは失敗する」というようなチェックポイントを持っておくことが大事です。

しかし、基本的には、人に任せていかないかぎり、企業が大きくはなりません。

今は〝ひよっこ〟でも、何年かやっていくと、できるようになることがありま す。三年から五年ぐらいやれば、できるようになることがあるので、それを信じることです。ゼネラルな能力を持った人はそれほど多くありませんが、ある程度の仕事であれば、何年かするとほとんどの場合は精通してきます。

特に能力が低いと思われる人、もともと素質が低いと思われる人の場合には、あまり部署を動かさず、仕事に精通させることが大事です。同じ仕事を十年やれば、どんな人でもベテランになり、その仕事については社長よりもよく分かるようになるので、能力があまり高くないと思う人については、なるべく専門的な仕事に就《つ》けることです。

しかし、幹部として期待できるような人の場合は、いろいろな部署を経験させていく必要があります。

たとえ、販売《はんばい》部長を二十年やったとしても、販売しか知らない人は、経営者に

能力に応じた人材の伸ばし方

基本的には…
● あまり部署を動かさず、仕事に精通させる（→スペシャリスト）

幹部候補には…
● いろいろな部署を経験させる（→ゼネラリスト）

経営者になるには、
生産　販売　経理・財務　の三つ、
さらには、人事　総務　など、幾つかの分野を
まとめて見える目が必要

はなれません。同様に、技術部長や製造部長を二十年やっても、経営者にはなれませんし、経理部長を二十年やっても経営者にはなれないのです。

経営者になるには、生産、販売、経理・財務系の三つ、さらに言えば、人事や総務も含《ふく》みますが、それらのバランスを取り、幾《いく》つかの分野をまとめて見えるような目がなければ駄目なのです。

もし、そういう目を持っていな

い場合は、それを持っている人とコンビを組むか、あるいは、三人から五人のチームを組むことです。自分と相性がよく、かつ、自分の能力的な弱点を補ってくれる人とチームを組まなければいけないのです。

どんなに大きな企業でも、だいたい三人から五人ぐらいの経営チームがいれば、仕事は回っていきます。その下の部門長レベルの人は、いくらでも手に入るのですが、全体を見る目を持った人となると、三人から五人ぐらいの範囲になってしまいます。そのあたりの人数で会社の全容が見えなければ駄目なのです。

したがって、人の組み合わせ方は非常に大事ですし、基本的に、人材が伸びていなければ発展することはないと思ってよいのです。

狭《せま》いところであっても、常に、「世界一」のものを心掛《こころが》けよ

さらに、前述した理想の部分とも関係しますが、常に、「世界初」「世界一」の

商品なり、技術なり、サービスなりを心掛《こころが》けていく必要があります。

実際上、なかなか世界一にはなりませんが、どんなに小さな企業であっても、あるいは隙間《すきま》産業であっても、「この工夫は世界一」「この技術は世界一」「商品のうち、この部分は世界一」ということは可能です。小さなものでもよいので、まず、「これは最高だ」と思えるものをつくり、それを「面」に広げていくことが大事なのです。

先発の大きな企業と、いきなり全面戦争をしても、勝てるはずはありません。後発のものは、必ず、狭《せま》いところ（ニッチ）から攻《せ》めていかなければ駄目なのです。それは、商品力でもよいし、サービス力でもよいし、工夫した技術でもよいのですが、まず、狭いところから入っていくことです。その狭いところで、多少、自画自賛もあるでしょうが、「世界一だ」と思うものをつくらなければ駄目なのです。

そして、それを「点」から「面」へと、しだいに広げていくことが大事です。一カ所で勝ったら、次は別の点で勝ち、さらに別の点で勝つというように、三つぐらい「点」で勝てば、「面」をつくることができます。そのようにしてだんだん広げていくわけです。

例えば、以前、ビール業界では、長らく、キリンビールが独走状態を続けていて、シェアを六十パーセントも七十パーセントも持っていました。

そのため、アサヒビールなどは、どんどん凋落《ちょうらく》していき、一時期はシェアが十パーセントを割るところまでいきましたが、住友銀行の副頭取をしていた人がアサヒビールの社長として天下り、中興の祖になりました。そして、「スーパードライ」という新商品を開発してから急速に追い上げ、さらに、発泡酒《はっぽうしゅ》など、いろいろな商品を出したりして、シェアで首位争いをするまでになったわけです。

そのように、後発のものは、何か一点で勝負しないと、先行しているものには

理想は大きく
→理想がなければ、人はついてこない
手堅く攻める
経理・財務――出ずるを制し、入るを量る
人　事――部下に期待し、任せ、掌握する
生産・販売――何か一点で勝ち、それを広げる
→放漫経営になると倒産する

勝てないのです。「まずは、何か一点で勝ち、あとはそれを面へと広げていって、しだいにシェアを取っていく」という戦い方をする必要があります。

プライドの高い人は、隙間の部分で戦うことを潔《いさぎよ》しとしないことが多いのですが、大きいところと戦うためには、やはり隙間を攻めなければいけません。敵の手薄《てうす》なところを攻めて、日本一、世界一を目指していかなければ駄目なのです。

理想は大きく、しかし、実際の戦いにおいては、手堅《てがた》く攻めていって勝たなければいけません。

7 経営とは創造である

経営者の心得について、さまざまなことを述べましたが、経営とは、基本的に「創造」なのです。

したがって、「新しいもの」をつくり出さなければいけませんし、「目に見えないもの」をつくり出さなければいけません。物をつくるだけではなく、「目に見えないもの」、つまり、経営技術なり、考え方なり、哲学《てつがく》なり、サービスなり、付加価値なりを、生み出さなければいけないのです。

経営者は、「今までになかったものを生み出す」ということを、常に考えていかなければなりません。

例えば、宅配便がそうです。宅配便を使えば、全国津々浦々《つつうらうら》に、ほぼ一日で荷物が届きます。しかし、考えてみれば、昔は、郵便局しかなく、土日は配達をせずに休んでいたり、送った物が届くまで何日もかかったり、小包を持っていくと、大きさや荷造りの仕方でよく文句を言われたりしました。

そのように郵便局のサービスは悪かったのに、人々のニーズを満たす事業を起こすのは、なかなか大変でした。

しかし、人々に必要とされるものは、必ずシェアを取れるものなのです。「最初は、プライドを抑《おさ》え、他人の庇《ひさし》を借りてでも、小さなところから始める。そして、狭《せま》い範囲《はんい》で戦いながら、しだいに勝っていって、やがては、自立し、大を成していく」という考え方が大事です。

そして、成長するときには、竹の節のように、「踊《おど》り場」をつくって固めながら伸《の》びていくことが大事です。単に、「売り上げが二倍になった。五倍になった。

十倍になった」というだけでは、組織はボロボロになり、やがて潰《つぶ》れるので、節をつくることが必要です。人材を固め、運営の仕方を固めながら、成長していかなければならないのです。

したがって、意図的に、少し歩みを止めることも必要です。そのように、節をつくりながら堅実《けんじつ》に伸びていくことが大事だと思います。

第3章　大きな仕事をこなすコツ

——リーダーの意思決定は、いかにあるべきか

1　リーダーは意思決定をしなければならない

第3章では、「大きな仕事をこなすコツ」という題で、管理職や経営者、あるいは、何らかのグループを引っ張っているリーダーを対象として述べていきます。そうした人の役に立つような話になれば幸いであると思います。

中心テーマは、「意思決定の難しさ、大切さ」ということです。私は、今まで、経営についても、いろいろな話をしてきましたが、意思決定に関しての話は少なかったと思うので、今回は、これを中軸《ちゅうじく》にして述べたいと思います。

さて、経営者や管理職など、長《ちょう》として人々を引っ張っていくリーダーにとっては、細々《こまごま》とした判断も必要ですが、さらに、大局観というか、もう少し大きな場面での意思決定が重要になってきます。

組織が大きくなった場合、リーダーがそういう大局的な判断をしないと、下の人は仕事ができなくなります。リーダーがまったく意思決定できず、「船頭多くして、船、山に登る」という状態になると、大勢の人がいようが、組織があろうが、お金があろうが、仕事の材料がいくらあろうが、何もできなくなるのです。

その意味で、リーダーになる人の意思決定は、非常に大事です。

そして、リーダーになる人の意思決定というのは、非常に難しい問題を含《ふく》んでいます。

あらかじめ、意思決定の仕方を知識として学んでいれば、それが役に立つこともありますが、現実には、自分がそういう場に立ち、さまざまな試練のなかで、苦しみながら意思決定をしていかなければ、本当は、腕《うで》が上がっていかないのです。

たいていの場合は、意思決定まで行かずに、判断のレベルで止まっていると思いますが、もう一段、判断が難しくなってきたり、重い責任がかかってきたりして、どうしたらよいかが誰《だれ》にも分からないような状況《じょうきょう》になると、「リーダーの意思決定」が強く打ち出される必要があります。

どうしたらよいかが分かるのであれば、リーダーの意思決定は必要ありません。分からないから苦しいのです。そして、分からないから、そのなかで、「何を選び取り、どの方向を示すか」ということが、リーダーの仕事になるわけです。

意思決定は難しいことですが、「難しい」ということを知っているだけでも、十分な勉強になるのではないかと思います。

2　幸福の科学における意思決定の事例

「幸福の科学」というネーミングを反対される

よその話をするだけだと、評論家的になるかもしれないので、幸福の科学における事例のうち、すでに終わったことで、今、明かしても大丈夫《だいじょうぶ》と思うようなことを中心に取り上げながら、意思決定の話をしてみようと思います。

「いちばん最初の意思決定は何だったたか」ということを考えると、それは、教団の名前を決めるときでした。私が、「幸福の科学」という名前を付けたとき、まず反対されたのです。

それは、私が出家する前のことです。当時、私は、ある出版社から霊言集《れいげんしゅう》を出していましたが、その出版社の人に、「『幸福の科学』という名前で始めたい」と言ったところ、「その名前では流行《はや》らない」と、猛反対《もうはんたい》されたのです。

「霊言集を出している宗教なのに、『科学』というのは気に食わない。これでは、宗教として駄目《だめ》になってしまうから、『科学』と付けないほうがよい」「『幸福』と『科学』を『の』で結んで、『幸福の科学』というのは言いにくい。この名前では絶対に流行らないから駄目だ」などと言われたのです。

しかし、そのあと、幸福の科学が流行ると、「名前の付け方がよかったからだ」と言われるようになりました。世間の評価というのは、そのようなものです。結果がよければ称賛《しょうさん》しますが、結果が出る前は反対するのです。当会が広がったあとで、「ネーミングがよかった」「○○教団や○○の会というような、宗教っぽい名前でなかったのがよかった」などと、さんざん言われましたが、後講釈《あとこうしゃく》なら誰《だれ》にでもできます。

私が「幸福の科学」という名前を付けようと思ったのは、最初の本である『日《にち》蓮聖人《れんしょうにん》の霊言』のなかで、「幸福科学」「幸福哲学《てつがく》」という言葉が出ていたためです。そこで、その言葉を使おうと考えたわけですが、それが最初の壁《かべ》となりました。

当時、霊言集は、その出版社からしか出しておらず、「本を出せなくなるかもしれない」と思い、困ったことを覚えています。

出版社のほうは、「『ハイビジョンセンター』というのは、どうだ?」と言って、一生懸命《いっしょうけんめい》、押《お》し込《こ》んできました。私が、「眼鏡屋のようで嫌《いや》です」と言って断っても、「そうかな。これは英語だから、近代的で二十一世紀的な名前のような気がする。『ハイビジョンセンター』でいきなさい」と押しつけてきたのです。しかし、私は、「どうしても嫌です」と言って、結局、押し切ったわけです。

このように、最初の意思決定は、教団の名前でした。

入会願書制度を設けて、入会試験を行う

次に、立宗《りっしゅう》した最初のころ、私は、教団の基礎《きそ》づくりに三年ぐらいかかると見て、会員をあまり増やさない方針をとりました。すなわち、「入会願書制度」を設けて入会試験を行い、会員数に限定をかけていたのです。これについても、反対意見が多くありました。「宗教は、広げることが目的なのに、限定するのはおかしい」というような批判が多かったのです。

しかし、事務レベルでいろいろなシステムが完成していなければ、教団が大きくなったときに運営できなくなります。そのため、最初の三年間は、ノウハウの蓄積《ちくせき》のために、少なめの人数で運営しようと考えたのです。わがままと言えば、わがままですが、これは、教団の信用の部分でもあったかと思います。

また、初期のころは、講演会を開くときも、会場に人が入り切れないことがよくありました。希望者には、事前に往復はがきで申し込みをしてもらい、定員を絞《しぼ》っていたのですが、お断りをしたにもかかわらず会場に来てしまう人が多かったのです。大阪や名古屋など、いろいろな所から来た人に対し、腕章《わんしょう》をした係の人が、「申し訳ございませんが、お帰りください」とお願いするようなこともあり、気の毒ではあったと思います。

ただ、当会としては、ある程度のレベルを確保したいと考えていたので、全部が全部、受け入れるかたちではなかったのです。そういうことで、最初は、人気先行型の教団になったようなところもあると思います。

『太陽の法』の新聞広告を全五段抜《ぬ》きで打つ

さらに、教団をスタートさせ、最初に広告を打つときにも反対が出ました。私は、『太陽の法』の新聞広告を全五段抜《ぬ》きで打とうとしたのですが、幹部たちは、「広告代が高いので、もったいない」と言って反対したのです。

確かに料金は高いのですが、本を売って儲《もう》けるつもりは全然なかったので、「採算はトントンでも構わない。とにかく広げないといけないし、そのためには、とりあえず知ってもらう必要があるので、広告を打ちなさい」と言ったのです。そのため、ほとんど採算を取れないような、ギリギリの状態ではありました。ただ、反対が出たのも、分からないわけではありません。当時、借りていた事務所の家賃は非常に安く、月十五万円ぐらいでした。それに対して、広告代は、一回で数百万円もします。そのため、幹部たちは、「高い」と言って、反対していたわけです。

私は、「『太陽の法』を見知ってもらうことは、幸福の科学の将来にとって非常に大事なことである。これを読み、『素晴《すば》らしい』と言って、寄ってくる人は、信者になってくれる人だ。採算など言っていられない」と言って広告を打ったのですが、かなり反対されました。

「事務所代が月十五万円のときに、数百万も使って広告を打っても、効果はないのではないか」という言い方でしたので、これは、やはり、値段の問題だったと思います。

幕張メッセや東京ドームでの大講演会を開催《かいさい》する

私は、一九八七年に、講演会を開始して会場をだんだん大きくしていき、八八年には日比谷公会堂で、八九年には両国国技館で行いました。そして、八九年の段階で、翌年の講演会場として、幕張メッセを年五回分ぐらい予約しました。このときも、内部からの反対は多く、「とても無理です」と言われたのです。

幕張メッセには、講演会で使用できる数千人収容の小さなイベントホールがありますが、私は、それより広い、国際展示場のほうも予約したのです。

ところが、国際展示場は、音響《おんきょう》システムなどが講演会場用にはできていません。例えば、恐竜博《きょうりゅうはく》では、恐竜の化石を展示し、来場者はそれを観《み》て回るだけですが、通常は、そういう使われ方をするわけです。「そこで講演をする」と私が言ったため、幹部たちは、「教団の今の体力から見て、とてもではありませんが、準備できません」という反応だったのです。

そこで、問題点を一つひとつ詰《つ》めていったわけですが、何が最後に引っ掛《か》かっていたかというと、トイレの数でした。「一万数千人が来場するけれども、展示場なので、トイレは少ししかありません。レンタルの仮設トイレを外に並べたとしても、計算上、全員は入れませんから、無理です」というような意見だったのです。

それに対して、私が出した結論は、「我慢《がまん》してもらいなさい」というものでした。「会場に来る前に駅があるでしょう。駅で用を足してから来てもらえばよいし、終わったあとも駅に行ってもらえばよい。講演の時間は少し縮めるから、そうしてもらいなさい。トイレが目的で来るわけではないのだから、我慢してもらいなさい」と言って、押し切ったのです。私としては、「トイレの数で、講演会を行うかどうかを決める」というのは納得のいかないことだったのです。

確かに、それまでの講演会は非常に長いものでした。善川三朗名誉顧問《よしかわさぶろうめいよこもん》（二〇〇三年帰天）と組み、「大講演会」と銘《めい》打って、四時間ぐらいの講演会をやっていたのです。もちろん、顧問と私の講演の間には休憩《きゅうけい》も入れていましたが、参加者からは、「腰《こし》が痛い」という声も出ていたので、確かに、長すぎた面はあったかもしれません。そこで、時間を少し短くしたのです。

それから、音響の問題もありました。展示場なので確かに音響が難しく、うまくいくようになるまで三回ぐらいかかったと思います。「会場に声が響《ひび》いて、よく聴《き》こえない」「特に、建物の柱の裏に回ると、聴こえにくい」といった苦情はずいぶんありましたが、「七、八割、聴けたらよいではないか」ということで、押し切ってしまいました。「建物の柱が邪魔《じゃま》で演台が見えない」という苦情もありましたし、夏は非常に暑かったことを覚えています。

さらに、一九九一年には、東京ドームで講演を行いました。これも、「無理です」という声が非常に強く、いちおう反対されたのですが、「まあ、一か八《ばち》かやってみよう」ということで、開催《かいさい》しました。事前に野球のナイターか何かで下見に行ったところ、講演会を準備する側の人たちは、「大きすぎます。とても無理です」と言って、恐怖《きょうふ》で声が震《ふる》えていたのですが、それを押し切って断行したのです。

このように、私が何か新しいことを始めようとすると、だいたい反対が出ました。

間違《まちが》った報道に対して、マスコミに抗議《こうぎ》をする

同じ九一年には、マスコミとの戦いもありました。

それまでの当会は、はっきり言えば、マスコミに対して非常に弱い教団だったのです。実は、前年の九〇年ぐらいから、週刊誌などに間違《まちが》った内容の記事が書かれ始めていました。そこで、「記事の内容が事実と合っていないので、誰か抗《こう》議《ぎ》しなさい」と言ったのですが、「マスコミは怖《こわ》い」と言って、なかなか行きません。一人だけ抗議に行きましたが、基本的に、マスコミに間違ったことを書かれても、教団としては逃《に》げ回っていたのです。

それが、九一年には、猛獣《もうじゅう》のようにがぜん強くなり、世の中が引っ繰《く》り返るような大騒《おおさわ》ぎになってしまいました。

この「フライデー」との戦いのときも、やはり、主流は反対だったように思い

ます。当初、私は、「どちらでもよい」という感じではありましたが、天上界《てんじょうかい》のイエスが「許さない」と言って、ものすごく怒《おこ》っていたのです。あの怒《いか》りは、激しいものでした。「九次元霊がこれほど怒《おこ》るのだから、やはり、彼らは悪事を犯《おか》しているのだろう」ということで、突《つ》っ込んでいったわけです。

当会にとって、環境《かんきょう》はかなり不利でしたが、宗教的には筋を通せたと思います。その結果、マスコミに対して非常に強くなりました。

また、マスコミのほうも、「幸福の科学は、『正しいことは徹底的《てっていてき》に主張する』という態度をとる教団らしい」ということが分かったのか、それ以降、当会に対して、からかい半分のことはしなくなりました。「この教団を批判するときは、本腰でやらなければいけない。向こうも真剣《しんけん》に反撃《はんげき》してくる」ということを、マスコミも理解したようです。

その意味でも、マスコミに対して弱かったのが、非常に強くなったといえます。

映画「ノストラダムス戦慄《せんりつ》の啓示《けいじ》」を製作する

私が、初めて映画を製作したときも、悪評さくさくで、「無理だ」という声が非常に強くありました。

一作目は、映画「ノストラダムス戦慄《せんりつ》の啓示《けいじ》」（一九九四年公開）でしたが、まず、シナリオがなかなかできませんでした。また、実際に撮《と》り始め、途中《とちゅう》の段階で、部分的にできたものをバラバラに観ましたが、みな、「これは映画になっていません。とても無理です。もう一回、全部やり直しましょう」と言うのです。

しかし、私は、「そのようなことはない。傑作《けっさく》になるはずだ。やりなさい」と言って、やらせました。最後は、何とか映画になっていましたが、途中で、映像を観た人は、みな反対で、「これでは映画にならない」という意見が強かったのです。

このように、新しいことに対しては、だいたい、みな反対するものなのです。

紀尾井町《きおいちょう》ビルを出て、宇都宮に総本山をつくる

一九九五年、私が、「栃木県《とちぎけん》の宇都宮に総本山をつくる」と言ったときにも、猛反対されました。

幹部を含《ふく》め、ほとんどの職員が、「そんなことは想像もできない」というような感じでした。宇都宮は、新幹線が止まる都市ではありますが、「タヌキやキツネと一緒《いっしょ》に暮らすのだろうか」というような反応で、反対が多かったのです。職員のなかに、「東京を離《はな》れたくない」という気持ちと、紀尾井町《きおいちょう》ビルへの執着《しゅうちゃく》があったのでしょう。

ですから、「紀尾井町ビルの事務所を返す」という判断に対して、猛反対されました。「こんなにいい所から出るのは、つらい」というような反応だったので

す。

しかし、私は、これを機に、根本的に当会のカルチャー替《が》えを行い、精舎《しょうじゃ》系のカルチャーを新たにつくっていきました。それを事前に理解できる人はいなかったわけです。

そのため、宇都宮に、総本山・正心館《しょうしんかん》をつくらせたところ、ビルとして使うわけではないのに、弟子《でし》たちは、いわゆる〝箱〟を建ててしまったのです。研修施《し》設《せつ》なのに、食事用のスペースも、寝泊《ねと》まりする設備もなかったため、あとで、改造するのに、ずいぶん費用がかかりました。

やはり、新しいものをつくろうとするときには、そう簡単には、イメージができないのです。口頭で説明してもなかなかイメージができず、実際に建物を建て、使ってみて初めて、「研修施設として、どういう建物をつくればよいか」が分かってきたようでした。

二年足らずで宇都宮から東京に戻《もど》る

その後、宇都宮へは一九九六年に移りましたが、二年足らずの一年数カ月で、東京に戻りました。先ほど、「宇都宮に行くときは、『反対』の大合唱だった」と述べましたが、私が、「宇都宮から東京へ帰るぞ」と言ったら、またしても大反対でした。「十年は宇都宮にいないといけません。正心館に続き、未来館や日光精舎がこれから落慶《らっけい》するのに、それを見届けないで東京に帰るのは、敵前逃亡《とうぼう》のようなものです」と言って、みな、大反対だったのです。

宇都宮へ行くときに反対し、東京へ帰るときにも反対し、両方とも反対です。「いかに現状維持《いじ》が好きか」ということがよく分かります。どうなるかが分からないので、新しいことは嫌《きら》いであり、現状維持が好きなのです。

宇都宮へ行くときに反対していたので、東京へ帰るときは喜ぶのかと思ったら、

「宇都宮に来てみたら、それなりによかったので、東京には帰りたくない」というわけです。

確かに、宇都宮に総本山・正心館を建てたときは、運営のノウハウをつくるのに、たいへん苦労しました。しかし、そのころには、未来館と日光精舎の設計を済ませ、土地も取得して建物が建つことは見えていましたし、「弟子たちだけで運営できるだろう」と見切ったため、私は、東京に戻《もど》る案を立てたのです。

ところが、弟子たちは、実際に建物が建ち、運営を回してみないと、「自分たちだけで、できる」とは思えなかったようです。正心館の運営があまりに大変で、総合本部が丸抱《まるがか》えでやっていたために、弟子たちは、「この状態で、あと二つ建ったら、はたして、運営できるのだろうか」という感じだったのです。そういう状況《じょうきょう》で、私が「東京に土地を買って戻る」と言ったため、大反対を受けたわけです。

一方、私は、総本山・正心館を建てたころ、北海道から沖縄《おきなわ》まで、精舎の全国展開を構想しており、日本地図に、「何年には、ここに建てる」という印を付けて、〝精舎マップ〟をつくっていました。しかし、当時、弟子たちは、一つ目の精舎である正心館の運営で非常に苦しみ、沈没《ちんぼつ》しかかっていたので、誰もそうなるとは信じていませんでした。確かに、正心館の運営はすごく重かったため、その重さから見て、とてもできるとは思えなかったようです。

ただ、私は、機嫌《きげん》よく、日本地図にマッピングして、十年計画を立てていたのです。その後、全国各地に精舎を建てていきましたが、現実には、当初の計画よりも速いスピードで建設が進んでいます。

幾《いく》つか精舎を建て、運営できるようになると、弟子たちにも、ようやく自信が出てきたようで、数年前、「海外にも精舎をつくろう」と言ったときには、さすがに、反対は出ませんでした。みな、「できるのではないか」と、ようやく思い始めたようです。

新しいことを始めるときは、たいてい反対される

このように、過去の二十数年を見ると、入れ替わり立ち替わり、いろいろな幹部がいましたが、新しいことに対しては、たいてい全部反対でした。

人間というのは、現状維持が、基本的なものの考え方なのです。今までの延長であれば、未来を予想できますが、今のあり方を根本的に引っ繰り返されると、どうなるかが分からなくなるわけです。

例えば、「紀尾井町ビルに入ったから成功した」と思っているような人たちは、私が「紀尾井町ビルから出るぞ」と言うと、もう何が起きるのかが分からず、パニックのような状態になりました。

そのように、私は、成功のシンボルのようなものを、パッと捨てることがある

のです。

東京ドームも、講演会場として五年ぐらい使いましたが、パッとやめました。それまで、当会は、「一カ所の大きな会場に人を集めて、講演会を開く」というスタイルでしたが、これだと、年に数回しかできません。そこで、これを細かく分散させ、「年中、こまめに、いろいろなところで耕していく」というスタイルに変えたのです。その結果、全体的には、より発展していますし、資金面でも、冒険《ぼうけん》主義ではなくなり、非常に安定した体質になっています。

しかし、私の意図していることが、弟子たちには、なかなか分かりません。今まで、「これが成功するやり方だ」と思っていたものを急に変えられると、その意図が分からず、混乱してしまうようです。

3　意思決定のために必要なもの

考えられる手を一通り考え、一つひとつ詰《つ》めておく

新しいことを行うというのは、たいていの場合、多数決は利《き》きません。多数決をとると、普通《ふつう》、判断を間違《まちが》えます。

逆に、みなが反対するときは、成功する可能性が極《きわ》めて高いことも事実です。なぜなら、それは、誰《だれ》も考えていない手だからです。誰も考えていない手であるからこそ、ほかの人には「なぜ成功するのか」が分からず、まねのできない部分があるため、意外に成功することもあるのです。

このような言い方をすると、「では、すべて、勘《かん》だけでやっているのか」と思うかもしれませんが、そういうことはありません。単なる思いつきや勘だけで決めたものは、やはり、失敗する可能性が非常に高いのです。

結果的には、思いつきや勘で変えているように見えるかもしれませんが、現実はそうではありません。

大きな意思決定をするときには、単なる思いつきや勘に頼《たよ》っては駄目《だめ》なのです。やはり、一つひとつの案件について、じっくりと考え方を詰《つ》めていかなければいけません。将棋《しょうぎ》において、何十手、何百手と読むのと同じように、「こういう手を打ったら、どうなるか」ということを、論理的に、詰めていく必要があるのです。

「資金的にどうなるか。人材的にどうなるか。時間的にどうなるか」、あるいは「トップの持っている能力から見て、どうなるか」ということについて、幾《いく》つかの手を緻密《ちみつ》に読んでいくのです。

そして、考えられるだけ考え、しばらく思案した上で、「やはり、このやり方をとる」という判断をするわけです。

こうしたことをせずに、単なる思いつきだけでやったら、危険が大きすぎるし、失敗することも多いと思います。

例えば、織田信長《おだのぶなが》が今川義元《いまがわよしもと》を奇襲《きしゅう》で破った桶狭間《おけはざま》の戦いは、よく思いつきで戦って勝ったような言い方もされますが、信長は、少年時代から、あの辺りを馬に乗って走り回っていて、地理に明るかったし、移動にかかる時間についても、非常に細かく知っていました。

それから、事前に、「桶狭間で敵が休憩《きゅうけい》を取っている」という情報もきちんと得て、時間見積もりをしています。彼は、「あそこにいるのは、このくらいの人数であり、今、昼休みを取っているから、急襲《きゅうしゅう》すれば勝てる」ということを計算した上で、出陣《しゅつじん》しているのです。

桶狭間の戦いは、一見、信長の思いつきのように見えますが、事前の情報戦としては、かなり詰めるべきことを詰めていただろうと思います。「十倍の大軍が来て、籠城戦《ろうじょうせん》をしたら、負ける」ということは、あらかじめ分かっていたのです。

したがって、今川方にとっては奇襲ですが、織田方から見れば、ある程度、考えに考えて、詰めた上での戦い方だったのだろうと思います。

そのように、出てきた結論は非常に変わっているように見えても、事前に、ある程度、「これを、こうしたら、こうなる」という考えの筋を詰め、さらに、可能性のあるかぎり、何通りもの手を考えてみる必要があります。時間はかかりますが、「これでいったら、どうなるのか」ということを、じっと考えていくのです。そして、その選択肢《せんたくし》のなかから、決断しなければなりません。

「これこそ生き筋である」というインスピレーションに命を懸《か》ける

そのときに、インスピレーションが湧《わ》いてくると思いますが、最初から、インスピレーションに頼っては駄目です。まずは、人間として、やれるだけのことはやらなければなりません。

要するに、「人事を尽《つ》くして天命を待つ」ではありませんが、仕事レベルにおいて、集められるだけの材料を集め、考えられるだけのことを考えた上で、「やるか、やらないか」「イエスか、ノーか」ということを判断しなければならないのです。

また、このとき、民主主義的に判断しようとすると、小田原評定《ひょうじょう》になり、なかなか物事が進みません。今までやっていないことをやるときには、たいてい、トップの最終決断が必要になります。これは、会社であろうと、どこであろうと同じです。初めてのプロジェクトを組んだり、初めての方針を出したりするときは、みな、すぐには信じることができず、すごく抵抗《ていこう》するので、そこを決断するためには非常に力が要《い》るのです。

結局、意思決定をするために何が必要かというと、今述べたように、まず、仕事レベルでは、考えられる手を一通り考え、一つひとつ詰めておくことです。当然、いろいろな人の意見も聴《き》きながら、「こうしたら、どうなるのか」ということを、一通り、詰められるだけ詰めておく作業が必要なのです。これは、将棋とほとんど同じです。

そして、その次には、やはり、「ひらめき」がなければ駄目です。要するに、「どちらのほうが、自分たちの会社や組織が生き残り、発展していける『生き筋』なのか」というインスピレーションやひらめきに、命を懸《か》けるつもりでなければいけないのです。

これは、「事前に、どれだけ真剣《しんけん》に情報を集め、論理的な考え方で詰めたか」ということにかかっています。脂汗《あぶらあせ》を流して詰めれば詰めるほど、そのあとのひらめきが真実味を帯びてきて、いいかげんなものにはならないのです。

また、霊的《れいてき》なひらめきにもいろいろなものがあります。天上界《てんじょうかい》からのものもあれば、自分の頭脳のレベルに毛の生えたぐらいの、守護霊《しゅごれい》からのインスピレーションもあるし、なかには、地獄《じごく》霊が来て、誘惑《ゆうわく》している場合もあるのです。いろいろと思いつくことはあるでしょうが、地獄霊の誘惑に遭《あ》ったら、壊滅《かいめつ》することも当然ありえます。

そういう魔界《まかい》の者の惑《まど》わしを受けたり、低い意識レベルの霊から指導を受けたりしてはいけないので、そのためにも、事前に、できるだけのことを考え、詰めておかなければいけません。霊の世界には、波長同通の法則というものがあり、勤勉に努力していると、そうした霊は近寄ってこないのです。

反対者を「説得する力」を持つ

この世的に、やるべきことをしっかりとやり、そして、「どうすれば、本当に道が開けるのか」ということを考え抜《ぬ》いた上で、決断することです。

そして、決断するときには、当然、いろいろな人が反対したり抵抗したりするので、こうした人を説得する力が必要になります。この「説得力」というものも、トップの度量の一つなのです。いかに、よい判断やインスピレーションがあったとしても、説得に失敗した場合には、それを実現することはできません。

前述した例で言えば、私が、「幕張メッセの国際展示場で講演会をする」という意思決定をしたところ、弟子《でし》たちは、「そこで講演会を開いた実績はゼロなので、できないかもしれません。椅子《いす》は集められますが、それ以外の会場設備は準備できないと思います」などと言って、できない理由をたくさん上げてきました。

そこで、「できない最大の理由は何か」と訊《き》くと、「トイレです」という答えが返ってきたので、「トイレはなくてもよろしい。講演の時間を短くするから、講演の前後に、駅で用を足してもらいなさい」と言って、説得したわけです。ずいぶん、いいかげんな説得の仕方と思うかもしれませんが、これも説得力なのです。

また、「柱の陰《かげ》の人は演台が見えないかもしれません。もちろん、モニターを置きますが、よく見えない人や、よく聴こえない人が出てくると思います」という意見に対しては、「そういう人がいても、しかたがない」というあきらめ、あるいは、「トータルの満足度が高ければ、よいだろう」という見切りを示したのです。

これも、いちおう説得です。「何を取り、何を捨てるか」ということを見切り、それを示さなければならないのです。たとえ、「小さなお子さんも来るので、トイレが足りないと困ったことになります」と言われたとしても、最後は、「おむつをしてもらいなさい」とでも言って説得しなければいけないわけです。

すべてを叶《かな》えようとしたら、できないことばかりになり、結局、先延ばしになって、何もできなくなるのです。したがって、何事においても、「まず、やってしまう」ということを考えなければいけません。

発展の阻害要因《そがいよういん》を見極《みきわ》め、思い切って捨てる

また、前節では、「紀尾井町《きおいちょう》ビルを出て、宇都宮に総本山をつくった」と述べましたが、一九九〇年に、総合本部が紀尾井町ビルに入ったとき、職員は大喜びをし、それを教団のシンボルのようにして、ずいぶん宣伝したものです。しかし、私が「撤退《てったい》しなければならない」と判断した理由の一つは、「信者が来れないということだったのです。

当時、職員が、紀尾井町ビルを、一生懸命、教団のシンボルとして宣伝していたため、信者のほうとしては、それを見たがっていました。しかし、紀尾井町ビ

ルには、ほかの会社も入っているので、例えば、信者が一度に千人ぐらい来て、人が溢《あふ》れたりすると、ほかの会社の人に迷惑がかかるわけです。そのため、会社のように決まったメンバーだけが出入りできるようにし、信者に対してはクローズドにしていたのです。

要するに、「信者に来てもらって困るような所が、教団のシンボルタワーであるのは好ましくない」というのが、一つ目の理由です。

それから、紀尾井町ビルは、一般《いっぱん》の人が自由に出入りできますが、一九九五年ごろ、オウム教の信者がビルの駐車場《ちゅうしゃじょう》に侵入《しんにゅう》し、当会の車に毒ガスを仕掛けるなど、いろいろなことをし始めたのです。そこで、「宗教は、外部に対しては、もう少しクローズドでなければいけない。つまり、外部の人か、内部の人かが分かるようになっていないと、少しまずいな」ということも考えました。

さらに、当会は、一九八〇年代から九〇年代にかけては、レンタルカルチャーというか、オフィスビルを借りて発展してきたのですが、ほかの会社と共存できるようにするため、私は、どちらかというと、宗教性を抑《おさ》えていたのです。宗教性をあまり強く出すと、オフィスビルを借りられなくなるので、外向きは、宗教だということを分かりにくくしていたわけです。

実際に、一般の会社でも、規模が確定するまでは、借りてやったほうがよいでしょう。あまり早い段階で自前の建物を持つと、規模が変わったとき、無駄になることがあるので、ある程度の規模になることが見えるまでは、借りて広げるほうがよいのです。

ただ、レンタルでやっているうちに、当会の職員の間に、だんだん、元の懐《なつ》かしい会社時代の気分、会社員のような気持ちが出てき始めました。そのため、「方便として、オフィスビルを借りて運営してきたが、そろそろ、やめなければいけない。精舎《しょうじゃ》をつくり、当会のカルチャーをガラッと替《か》えて、宗教性を高めなければいけない」と考えたのです。

そして、自前の聖なる空間を完結させることによって、「霊的なイメージ、あるいは救済力を、もう一段、高める」というイノベーションを行ったのです。

やはり、どれほど立派なビルに入ろうとも、賃貸であっては、宗教性を高めることは難しいのです。例えば、祈願《きがん》などを、ほかの会社が入っているような建物で行うことには、神々や高級霊に対して、失礼に当たる面もそうとうあります。実際に、当会が自前の建物を持ってからは、職員も、そのへんの感覚が分かってきたようでした。

このように、成長の過程においては、それまでうまくいっていたものを捨てなければいけないときが、どこかで来るのです。

これをしなくてもよいのは、規模が大きくならない事業の場合です。ずっと同じ規模でやる場合は、老舗《しにせ》の味を守るようなかたちで、別に変えなくてもよいのですが、発展する事業の場合には、どこかで必ず、それまで成功の要因だったものがネックになってくるのです。

太古の生き物である剣歯虎《けんしこ》（サーベルタイガー）は、牙《きば》が大きすぎるために絶滅し、マンモスも、巨大《きょだい》な牙のために絶滅したと言われています。

あるいは、恐竜《きょうりゅう》は、食料の減少により絶滅しています。食料が豊富なときは、体の大きいほうが有利です。しかし、地球が寒冷化し食料が減ってくると、より多くの食料を必要とする大型の生き物から、次々と死んでいったのです。そうして、小型の生き物が生き残ったと言われています。

このように、仕事そのものが大きくなってくると、環境《かんきょう》が変化してくることがあり、その際、捨てなければいけないものが出てきます。すなわち、それまで「最も強い武器だ」「最大の成功要因だ」と考えていたものを思い切って捨てないかぎり、それ以上、発展していけない段階が来るのです。

これを、「脱皮《だっぴ》」あるいは「イノベーション」といいます。この脱皮をすべきときに、「何を捨てるか」を見極《みきわ》め、それを思い切って捨てる力がなければ、やはり、リーダーとしては失格です。

それまで成功していたやり方を、じっと抱《かか》えて放さないでいると、必ず限界が来て、それ以上、大きくすることは無理になります。事業としての挫折《ざせつ》か、個人としての挫折か、何らかの挫折が起きるのです。イノベーションなくして、そこから抜けることはできません。

成果が出るまで持ち堪《こた》える「肚《はら》の力」も必要

このとき、前述したように、考えるだけ考えて、新しい手を生み出すと同時に、それを周りの人に説得する力が必要になります。さらには、胆力《たんりょく》というか、肚《はら》の力というか、「ぐっと持ち堪《こた》える力」も必要です。

意思決定のために必要なもの

- □ 考えられる手を一通り考え、
  一つひとつ詰める「論理的作業」
- □ 生き筋を見極める
  「インスピレーション・ひらめき」
- □ 反対者を「説得する力」
- □ 脱皮すべきときに、
  今までの成功要因を「捨てる力」
- □ 成果が出るまで、持ち堪《こた》える「肚《はら》の力」

たいていの場合、多数決をとると、その時点では、反対されることが多いのですが、新しいことを理解できないのは、当たり前です。みな、それまでのやり方にこだわり、それを訓練してきているので、「今までのやり方を捨てる」というのは、大変なことなのです。

「新しいやり方に変える」と言われても、海のものとも山のものともつかないため、みな怖《こわ》いわけです。「今までの成功で、十分ではないか。新しいことに手を出すのは怖い」というのが、正直なところでしょう。

こうした反対を押《お》し切るためには、説得力が要りますが、やはり、胆力というか、肚の力も要ります。これを持ち堪えて、ぐっと押していく力です。あるいは、耐《た》える力です。そういうものが必要になってくるのです。

そうした力が出てこないと、大きな意思決定はできません。つまり、大きなレベルの仕事ができなくなってくるわけです。

繰《く》り返し述べますが、意思決定をするためには、「肚の力」「胆力」が要ります。もちろん、「説得力」も要りますし、「ひらめき」「インスピレーション」も要ります。

さらに、その前提としては、「さまざまな情報を駆使《くし》しながら、考えられるだけの考え方を出して、詰めておく」という論理的な作業も、当然、必要です。意思決定には、こうしたことが、種々、必要になりますが、最後には、思い切って結論を出さなければいけないので、やはり、「決定を持続し、粘《ねば》る力」が、どうしても必要なのです。

そのため、いったん決断したことを変えるときは、ゆっくりでよいと思います。ある程度、持ち堪えないと、実を結ばないことがあるからです。一定の時間がたつと、それが実現化していくので、「そこまで粘る」という考え方を持つことも必要なのです。

4 大きな組織を率いるトップの戦い方

全体を見ながら、確率戦で戦う

組織が大きくなっていくためには、もちろん、いろいろな仕事において勝たなければいけませんが、大きな組織を率いるトップの場合には、「戦い方として、基本的に二種類ある」ということを知っていなければなりません。

一つは、「確率戦」です。すでに何十年と続いている大会社など、いろいろな部門が並び、一斉《いっせい》に押《お》してくるような大きな組織の場合、「長《ちょう》」というのは、全体を見ながら、確率戦で戦わなければいけないところがあります。

「この部門は少し赤字が出ているが、ここは黒字である。ここは収支がトントンである」というように、いろいろな部門をトータルで見た上で、「確率的に、どのくらいの勝ちが出るか」を考えながら、戦いを進めていかなければいけないのです。トップとして、そういう、ものの見方をしなければいけないこともあります。

小さな企業《きぎょう》のように、「ここは赤字だから、潰《つぶ》す」などというように、細々《こまごま》としたことをやっていたら、経営はできなくなります。大きな組織では、いろいろなものを広げながら進めていくので、「トータルのバランスを取りながら戦う」という能力が必要なのです。

一カ所にエネルギーを集中し、突破口《とっぱこう》を開く

もう一つの戦い方は、新しくベンチャー等で始めて、大きくなるころに、よく

やる手ですが、「何か一つの道で突破口《とっぱこう》を開き、成功していかなければならない」ということです。

そのときには、今述べたように、あちこちと総花的に広げて、やるわけではありません。それは、とてもではないけれども、できないのです。新しい仕事を始める場合は、何か一種類でしょうが、それに絞《しぼ》り込《こ》んで、突破口を開かなければなりません。

そして、突破口を開く際、トップは、二重、三重、四重、五重、六重、七重、八重、九重と、何重もの手を考える必要があります。「どうしても、ここを突破する必要がある。当社の勝ち筋はここしかない」と見たときというのは、限定された範囲《はんい》での局地戦でしょうが、その戦いを勝ち抜《ぬ》くために、何重もの手を考え続けなければならないのです。

総花的にやる場合には、「ある程度、勝ったり負けたりしても、トータルでの勝敗で勝ちのほうが多ければ、会社としては勝っている」という見方が成り立ちます。しかし、急成長していて、何かを突破していかなければならない場合には、その局地戦に戦力を集中し、穴を開けていかなければいけないのです。

このとき、さまざまな抵抗《ていこう》、反対、失敗等が出てくるので、「次の手は何か。その次の手は何か。さらに、その次の手は何か」というように、何重にも打つべき手を考えておく必要があります。そして、敗れても敗れても突《つ》っ込んでいけば、いずれ突破して、大きくなっていけるのです。こういうやり方があります。

突破口を開くことは、「総花的に、あれもこれも進める」というやり方では、できません。エネルギー的に見て、不可能なのです。「ここを突破する」というときには、やはり衆知を集めて決断し、エネルギーを集中させて前進していく必要があります。そして、何重もの手を打ちながら突破していくと、また大きくなっていけるのです。

この戦い方は、大会社や大きな役所などにも言えます。総花的にやっているような大きな組織でも、新規の事業をやる場合には、似たようなところがあるのです。

すなわち、新規事業を始めるときは、「三年ぐらいは赤字でもよい」「十年ぐらい赤字でも大丈夫《だいじょうぶ》」などというように、悠長《ゆうちょう》にやれる場合もありますが、一つの、大きな新しい事業をやり、それに失敗した場合、会社の命運にかかわることもあります。そういうときには、前述したように、局地戦で戦わなければなりません。社長以下、優秀《ゆうしゅう》な人をその部門に集めて、エネルギーをギュッと絞り込み、総力を挙げて、そこを突破しなければいけないのです。

そして、何か大きな壁《かべ》が出てきたときには、次から次へといろいろな手を使って、破っていかなければいけません。同業他社との競争に勝つためには、思考を何重にも重ねていかなければ駄目《だめ》なのです。

「これで駄目だったら、あきらめよう」というのではなく、「これが駄目なら次はこれ。これが駄目なら次はこれ」というように、突破するまで、繰《く》り返し繰り返し攻《せ》めていくことです。大きな会社であっても、新規事業において、組織の命運にかかわるような局面が出てきたら、このような戦い方をしなければ駄目です。そうでなければ、自分より小さな会社にも、負けてしまいます。小回りが利《き》くような中堅《ちゅうけん》の会社が総力戦で当たってきたら、現実には、大会社であっても敗れてしまうことが多いのです。

やはり、そのように、勝ち筋を読まなければいけません。

かつては、「いろいろな事業部門を何十も何百も持ち、一斉に前進させて、正々堂々の陣《じん》で勝ち進める」という時代でしたが、現代の世相からいくと、そういう時代ではなくなりつつあると思います。

むしろ、広がったウイングを狭《せば》め、採算の悪いところからは撤収《てっしゅう》し、これから

組織としての２つの戦い方

	① 確率戦	② 局地戦
大企業	○ いろいろな部門をトータルで見ながら、戦いを進める	○ 新規事業を始めるときや、会社の命運がかかっているときには必要
中小企業	×	○ 一カ所にエネルギーを集中し、突破口を開く

の生き筋に集中していかなければいけない時代になったのではないかと感じています。

そうであるならば、リーダーとしては、やはり、「どこで勝負をかけるか」ということの選び方が非常に大事になります。

「勝負をかけるべきところで、力を尽《つ》くす、智慧《ちえ》を尽くす」という考え方をとらないと、個人としても会社としても、どこかで能力を超《こ》えてしまい、駄目になります。このへんの読み方をよく考えないといけないのです。

第二次世界大戦における日本軍の作戦ミス

ここで、先の大戦を例に挙げて、説明しましょう。

例えば、ヒトラーのドイツは、一時期、とても強かったのですが、結局、ソ連との戦いで敗退しています。ドイツ軍は、雪が降るまでにモスクワを占領《せんりょう》することを目標として、ソ連に侵攻《しんこう》しましたが、例年より早く雪が降り始めたため、冬《ふゆ》支度《じたく》ができていなかったドイツ軍は敗れたのです。

これは、ナポレオンと同じような敗北の仕方でした。やはり、兵線が長く伸《の》びすぎると、補給が追いつかず、前線を支え切れないのです。

また、日本の場合はどうでしょうか。

日本は、アメリカと国力の差がかなりあったので、戦争に勝つことは、無理といえば無理でした。ただ、日本の用兵術を見ると、失敗はあったのではないかと思います。私は、大本営参謀《さんぼう》の知力の限界のようなものを感じるのです。

例えば、南方戦線のほうを広げすぎています。島々にはあまり手を出さず、絶対国防圏《けん》といわれた辺りで拡大を抑《おさ》え、陣を厚く敷《し》いておく必要があったのではないかと思います。

日本軍は、太平洋の島々を取れるだけ取ろうとして、できるだけ戦線を伸ばしましたが、結局、アメリカ軍に攻め取られてしまいました。飛び地のように離《はな》れた島々に、それぞれ、三千人ぐらいの小さな部隊をバラバラに配置していましたが、アメリカが大軍で攻めてきたら、どこも一発で落ちていったのです。

救援《きゅうえん》に行けないような所は、どうせ落とされるので、「護《まも》り切れないような島は、最初から取る必要がなかった」という考えもあるのです。やはり、ある程度の戦力を保持しておくべきだったと思います。

参考「日本軍の戦線と絶対国防圏」

それから、終戦の段階で、満州《まんしゅう》など大陸のほうには、日本の軍隊が、約二百万人もいました。この軍隊の使い方は失敗でしょう。やはり軍部の頭が悪いのです。「何を取り、何を捨てるか」という意味では、捨て方が悪いと思います。

南方戦線で、あれだけボロ負けをしていたのに、北のほうには、まだそれだけの戦力が残っていたのです。しかも、敗戦後、民間人も含《ふく》め約六十万人が、十年余りにわたってシベリアに抑留《よくりゅう》され、そのうち約六万人が亡くなっています。

当時、南のほうは海軍が、北の中国大陸のほうは陸軍が担当していましたが、海軍と陸軍がバラバラに動いていたため、こういうことが起きたわけです。その結果、南のほうから攻め込まれ、本土も攻撃《こうげき》されました。この戦いの仕方を見ると、兵力の振《ふ》り方において、大きな判断ミスがあったように私には思えます。

さらに、一九四一年、ドイツが、独ソ不可侵条約を破って、「独ソ戦」を始めたときにも、日本は失敗をしていると思います。

ヒトラーがソ連に攻撃を仕掛《しか》けたとき、ドイツは、すでにフランスを占領しており、イギリスに対しても、ほとんど勝利しているような状態でした。ヒトラーのドイツは、ヨーロッパでは強かったのです。

このとき、日本は、ソ連との間に不可侵条約を結んでいました。当時、日本は、石油などの資源が欲しくて、南方への進出を狙《ねら》っていましたが、北からソ連に攻められたら南を攻めに行けなくなるので、独ソ戦の始まる数カ月前、ソ連と不可侵条約を結んでいたのです。

そして、「日本はソ連と戦わない」ということになったため、ソ連は、シベリアにある軍隊を、シベリア鉄道を使って、ヨーロッパ戦線に移動させることができ、そのために、ドイツはソ連に負けたのです。

もしソ連がヨーロッパ戦線の軍隊だけしか使えなかったならば、ドイツが勝っていたかもしれません。日本が、ソ連と戦わないという判断をし、ソ連と不可侵条約を結んだために、ソ連は、シベリアの軍隊をヨーロッパ戦線に送れたのです。ドイツは、「さんざんソ連軍を打ち破ったから、もう終わりだろう」と思ったところ、新たな戦力が次から次へと現れるので驚《おどろ》いていましたが、実は、対日本用の軍隊がヨーロッパに集結していたのです。

要するに、日独伊《にちどくい》三国同盟を、日ソ不可侵条約よりも先に結んでいたのであれば、日本は、少しでもよいからソ連を攻めればよかったのです。そうすれば、シベリアの軍隊をヨーロッパにシフトできないため、ドイツが勝っていた可能性があります。ここに、大きな意味での作戦ミスがあります。当時のドイツの戦力を見ると、日本がシベリアの軍隊を釘付《くぎづ》けにしていなければ、ソ連には勝てなかったと思われます。もしドイツが負けていなければ、日本のほうの戦局も変わっていた可能性があるでしょう。

また、南方戦線では、いっぱいいっぱいに戦線を広げず、もう少し手前の所で防衛ラインを引くとともに、中国等に残っていた軍隊をシフトさせれば、護ることは可能であっただろうと思います。

経営資源の使い方が勝敗を分ける

このように、先の大戦全体を経営的な視点から見ると、やはり、大本営参謀の知力が足りなかったように私には見えます。陸軍と海軍が、役所の官僚《かんりょう》のように縄張《なわば》り争いをしたため、無駄が発生しています。意見が合わなかったために、戦力が二分され、結果として失敗したように見えるのです。日ソ不可侵条約を結んだのであれば、その時点で、対ソ連用の軍隊を撤収し、南方に移さなければいけなかったと思います。最後は、ソ連に攻められ、六十万人もシベリアに連れて行かれたのですから、そうしなかったのは愚《おろ》かだったと思います。

戦《いくさ》というのは、兵線をいっぱいに伸ばし切ると負けてしまうものであり、「限られた戦力を、どう使うか」ということが極《きわ》めて重要なのです。

ちなみに、私は、先の戦争を全面的に肯定《こうてい》しているわけではありません。単純に、純粋《じゅんすい》に、兵法のレベルとして考え、「今後の参考にするとしたら、どうなるか」という視点で述べているだけなのです。

ドイツは、イギリスやフランス等に圧勝していたような状態だったので、前述したように、ソ連の扱《あつか》い方とアメリカに対する防衛において、もう少し、やり方を変えていれば、少なくとも、日本にもっと有利な停戦はできたのではないかと思います。

例えば、戦争末期、満州など大陸にいた軍隊を日本本土に移し、本土の兵力を増強していれば、アメリカに対してはものすごい脅威《きょうい》になるので、もう少し有利な平和条約を結べた可能性もあったかもしれません。

こうしたことは、経営のレベルにも言えることであり、「どのように経営資源を使うか」によって、勝ち負けは決まってきます。総花的に使えば、戦力が散り、どこでも勝てなくなるし、互《たが》いに相反《あいはん》する目的のために使っても、駄目になることがあるのです。

やはり、「どこに生き筋を見つけるか」ということが必要です。

さらに、負けたときには、撤退戦も必要であり、「最後は、どこで護るか」、あるいは、「どういう終わり方をするか」という考え方も非常に大事なのです。

5　意思決定の正否は、結果でしか分からない

「大きな仕事をこなすコツ」というテーマで述べてきました。いろいろと話は広がりましたが、最後に、本章の考え方をまとめておきましょう。

結局、軍事であろうと、事業経営であろうと、それ以外のいろいろな活動であろうと、負けるときは、トップの意思決定のところに原因があります。これに失敗したら、やはり負けていくのです。

意思決定の時点では、それが正しいかどうかは分かりません。その後をずっと追っていき、出てきた結果や成果を見て、初めて、その意思決定が正しかったかどうかが分かるのです。

最近は、大きな会社の多くが傾《かたむ》いています。元気のよい会社も一部にはありますが、全体としては、厳しい状況《じょうきょう》が続いています。そして、「大きな会社の多くが傾いている」ということは、「社長や重役たち、すなわち、選び抜《ぬ》かれたエリートとして出世し、新入社員や若手社員からは非常に偉《えら》く見える人たちが、意思決定において間違《まちが》いを犯《おか》している」ということなのです。

立場が下の人たちは、情報を持っていないので分からないでしょうが、「会社が傾いている」というのは、要するに、社長や専務、常務などの役員が話し合い、トップが判断したことのうち、二つに一つは外れているのです。

当たり外れが五分五分であれば、何とか現状維持《いじ》できるのですが、外れのほうが続いていくと傾いていきます。逆に、今、勝ち続けているのであれば、トップは、正しい意思決定をしているということです。このように、意思決定が正しいかどうかは、結果でしか分からないのです。

意思決定というのは、本当に難しく、重要な仕事です。

しかし、単なる直感に頼《たよ》るのではなく、事前に、人間として、やるべきことはやらなければいけません。詰《つ》められるだけの手を詰めなくてはならないのです。

そして、「最後に、意思決定をしない」というのは駄目《だめ》です。やはり、何らかの意思決定をしなければいけません。「イエスかノーか」「イエスならば、どこまでやるのか」ということを判断しなければならないのです。その間、抵抗《ていこう》や反対等に持ち堪《こた》え、成果を出さなければいけません。

トップの判断が間違った場合は、戦争であろうと、会社であろうと、何であろうと、敗れていきます。つらいことですが、それに耐《た》えて、大きくなっていかなければならないのです。

本章のキーワードは、「意思決定」ということです。意思決定の難しさ、重要さを勉強していただければ幸いです。

第4章

発展する組織について

――個人の限界を超えて発展する方法

1　堀江《ほりえ》氏のライブドアは、なぜ崩壊《ほうかい》したのか

経営担当者が育っていなかったライブドア

本章は、「発展する組織について」という題ですが、組織全体については重要論点がたくさんあるので、ここでは、主として人材養成についての話をしてみようと思います。

みなさんは、数年前に起きたライブドア事件のことをまだ覚えているでしょうか。各種のニュースで洪水《こうずい》のように情報が出ていたので、いろいろと見たり聞いたりしたことでしょう。

あの事件を、粉飾《ふんしょく》決算の問題と捉《とら》えたり、虚偽《きょぎ》の風説の流布《るふ》の問題と捉えたりして、法律違反的《ほうりついはんてき》なものとして考える向きもあったかと思います。確かに、そういう面もありました。

ただ、私など、組織を引っ張っている人間には、別の面が見えてくるところもあるのです。

ライブドアは、上場廃止《じょうじょうはいし》が決まり、創業期の役員は全員退任ということになりましたが、私が見ると、その役員陣《じん》には、あまりに若いこともあってか、やはり、経験不足、知識不足で、危なっかしい感じが非常にありました。

あの会社は、「時価総額で一兆円を目指す」「売り上げで一千億円、二千億円を目指す」「社員数で千数百人、二千人を目指す」などと言い、わずか五年ぐらいの間に、そういうものを目指して突《つ》き進んでいったわけですが、「法律違反云々《うんぬん》のことを別にしても、いずれ、何らかのかたちで、同じような崩壊《ほうかい》は起きたのではないか」という感じがするのです。

なぜかというと、私が見るかぎり、経営担当者、経営管理者の養成ができていなかったからです。

トップであった堀江《ほりえ》氏の頭のなかには、「自分一人が指示をすれば経営はできる」と思っていたところがあるのでしょう。ニュース等によれば、「堀江氏は、一日に数千件もメールを見て、イエス・ノーの指示を出していた」という話もあります。

もし経営判断を一日に数千件もするとしたら大変なことです。そのようなことは、とてもできるとは思えないので、雑情報も見ていたのだろうと思います。そういう情報は、どうしても比較級数的に限りなく増えていって、どうしようもなくなり、やがて、それは、その人の判断キャパ（容量）を超《こ》えてしまいます。必ずそうなるのです。

専門家を集めても経営はできない

仕事というものは、最初は、何かの専門性があれば成り立つのですが、大きくなっていくと、それだけでは済まなくなってきます。コンピュータの技術者、税理士、証券を扱《あつか》ったことがある人、Ｍ＆Ａ（企業《きぎょう》の合併《がっぺい》・買収）をしたことがある人など、何らかの専門性がある人を集めたからといって、経営ができるわけではありません。ここが、いちばん難しいところなのです。

専門家というものは、そういう職業をしていた人や、適性のある人を持ってきて、一つのところに長く置けば、ある程度、育ちます。五年、十年、二十年と、一つのところに長く置いておけば、専門家は間違《まちが》いなく育つし、長く置けば置くほど熟練して、よくできるようになることは、間違いないのです。

ただ、組織として大きくなっていこうとするときに、専門家の寄せ集めだけでは必ず運営ができなくなります。間違いありません。コンピュータのソフトを扱える人は、いくら、その技術が高くても、「千数百人の社員を使って会社を運営する」という能力など持っていません。また、広報・宣伝のベテランがいたとしても、やはり、それだけでは会社の運営はできないのです。

努力しなければ経営担当者はつくれない

一つのところに長く置けば専門家は育つのですが、経営担当者、経営管理者は、努力して育てないかぎり、どうしてもつくれません。そういう人が必要なのだということを知っていなくては駄目《だめ》です。まず、それを知っていて、「育てよう」と意図し、そして努力しなければ、育たないのです。

事件当時、ライブドアは設立されてから五年ぐらいだったと思いますが、五年ぐらいの期間で、そういう人を育てるのは、もちろん、誰《だれ》が考えても、極《きわ》めて難しいことです。「経営担当者が必要である」ということを十分に知らない人が、規模の拡大だけを行った場合には、いずれ、どのようなかたちにせよ、崩壊が起きるのです。

例えば、資金ショート（不足）を起こして崩壊したり、どこかの部分で人が足りなくなって崩壊したり、何かの知識が足りないために失敗したりします。ライブドアの場合は、法律の知識などが足りなかった面があると思います。このように、何らかのかたちで崩壊していくのです。

トップというものは、常に、能力の限界にぶち当たっています。何かを起業するということは、一つの優《すぐ》れた専門技能がなければ、まず、できはしないのですが、その部分で、いかに傑出《けっしゅつ》していて、たとえ世界一であったとしても、大きな組織の運営においては、能力的に必ず壁《かべ》にぶつかるのです。

自分ができないことやまだ知らないことについて、知識を持ち、経験をためるには、かなり時間がかかります。「自分が長所としていることと同じレベルまで、ほかの分野でも精通する」というのは極めて困難なことなのです。

したがって、その間、自分の片腕《かたうで》になるような人を、時間をかけて育てなくてはいけないし、そのための訓練も必要なのです。

そういう目が要《い》るのだということを、ライブドア事件を見ていて感じました。

2 経営担当者とは何か

人は「コスト」ではなく「資源」である

組織を大きくしていくためには、いろいろな方法がありますが、主として、人の問題について、もう少し考えてみたいと思います。

人というものは、新しく入れても、すぐには戦力になりません。どこでもそうです。新しく起業したところもそうでしょうし、新規事業を行うところもそうでしょう。新しく人を入れると、給料のところだけは確実に出るのですが、仕事のほうは、すぐには、目に見えてできるようにはなって来ないのです。

ここが、やはり、非常に苦しいところです。そのためどうしても、人の部分を、コスト、経費と考えてしまう傾向《けいこう》があるのです。

人が減れば経費が減り、人が増えれば経費が増えます。したがって、目先の利益をあげようと考えたとき、人を減らすと、一見、利益が出るように見えます。少ない人数で仕事をし、なるべく低い肩書《かたがき》にして、給料を安くすればするほど、利益が多く出るように見えるのです。

その意味では、「売り上げ」から「経費」を引いたものを「利益」とする考え方に立ち、その点だけを見れば、確かに、人というものはコストに見えます。

しかし、「長期的に、大きな組織をつくっていこう」という観点からは、やはり、人をコストと見ることには無理があります。それでは、全体の士気も上がらず、最終的には、優秀《ゆうしゅう》な経営管理者を育てるのに難点《なんてん》が出てくるであろうと思います。

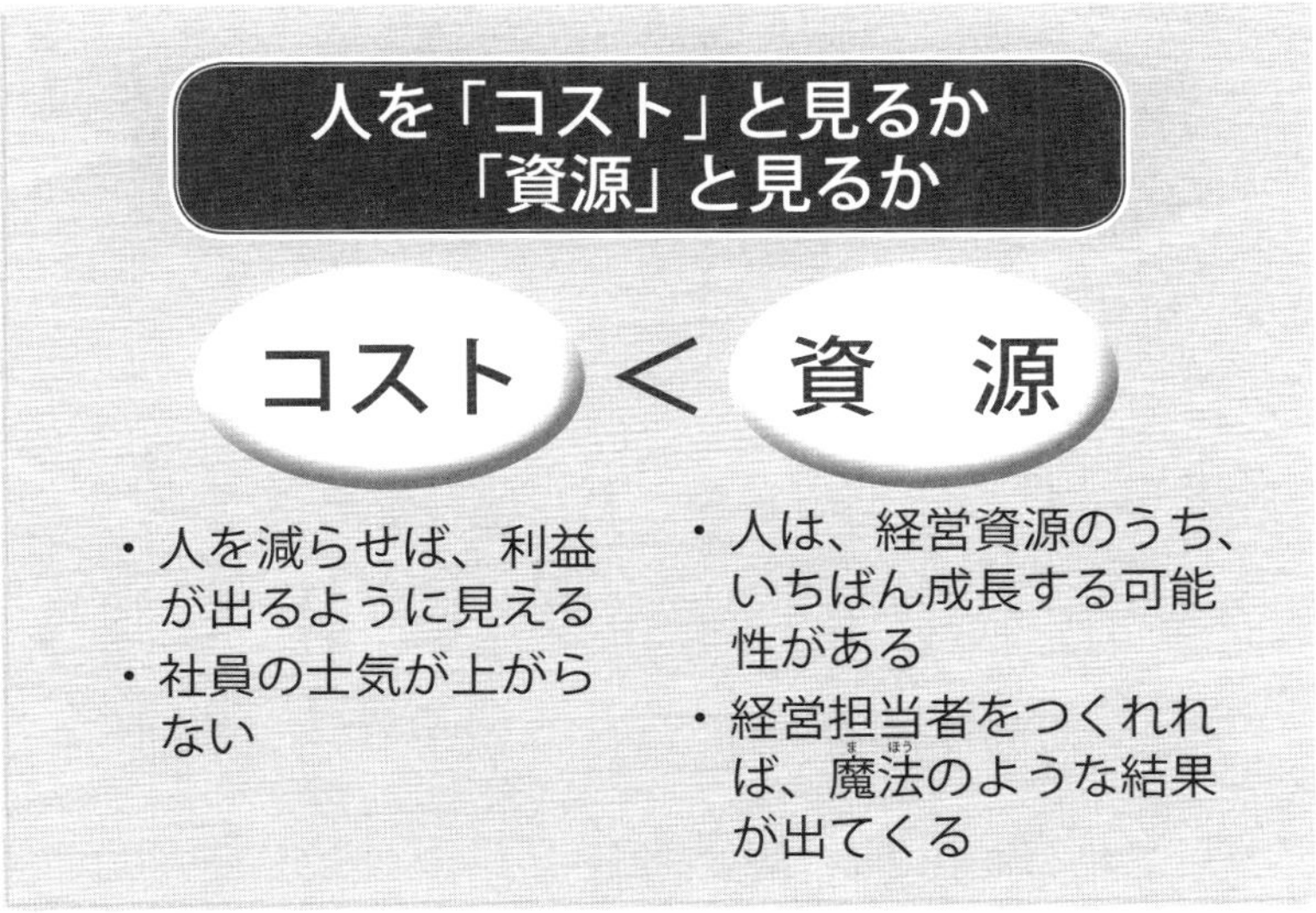
人を「コスト」と見るか
「資源」と見るか
コスト ＜ 資 源
・人を減らせば、利益が出るように見える
・社員の士気が上がらない
・人は、経営資源のうち、いちばん成長する可能性がある
・経営担当者をつくれれば、魔《ま》法《ほう》のような結果が出てくる

人材を一つの資源であると考えていかなければ駄目《だめ》です。いちばん成長する可能性のある経営資源とは何であるかというと、それは人なのです。人の成長度がいちばん高いのです。

例えば、今は、お金を銀行に預けても、利息は零《れい》コンマ幾《いく》らです。そのくらいにしかなりません。今、お金の成長度は極《きわ》めて低いのです。また、商売において、何かを売り買いしても、それによる利益も少ないのです。

いちばん成長する可能性があるのは、

やはり人です。「人の能力には伸《の》びる可能性があるのだ」ということを知らなくてはならないのです。

経営担当者をつくれれば、魔法《まほう》のような結果が出てくる

人の値段のなかでも、いちばん高いのは、やはり、経営担当者、経営管理者です。こういう人たちをつくっていくことができれば、その大切さを知らない人から見ると、魔法《まほう》のような結果が出てくるようになります。

経営担当者、経営管理者になるべき人は、今、現にあるもの、例えば、部下をはじめとする会社の人たち、工場、会社の社屋、土地、お金、情報などの経営資源を組み合わせて、これまでに生み出していなかった価値を生み出す仕事をしなければいけません。

経営担当者、経営管理者にとっては、現にあるものの価値を合計しただけのも

のを生み出したのでは仕事をしたとは言えず、「現にあるものから何をつくり出せるか」ということが大事なのです。

これは、ちょうど料理のようなものです。牛肉、卵、小麦粉、野菜など、料理の材料は、それぞれが値打ちを持っています。ニンジンにはニンジンの値打ちがあり、牛肉には牛肉の値打ちがあります。しかし、例えば一流レストランで出る料理を見れば、その値段は材料費の合計ではありません。それぞれの材料が組み合わさり、腕《うで》のよいコックによって見事に料理されることで、高い値段の料理に変身するのです。

原材料費と、それらが組み合わされ、外でサービスとして提供されたときに付く値段との差が、「付加価値」といわれるものです。

そして、現にここにあるものの費用と、外で売ることによって得られる収入との差を広げ、付加価値を上げることのできる人が、生産性の高い人であり、その生産性を高めていくことのできる人が、経営担当者、経営管理者です。現にいる人を使って何ができるか。現にあるお金や工場、土地を使って、何ができるか。こういうことを考えて、その付加価値を高めていくことのできる人が、経営担当者、経営管理者なのです。

こういう仕事は、単なる作業員や専門家には無理です。こうした仕事には、全体をコーディネート（調整）しながら作品を仕上げていくような力が要《い》るのです。

これは、知らない人から見れば、魔法のようなものです。

例えば、鉄骨があり、セメントがあり、砂利《じゃり》があり、水があるからといって、それだけでは近代的なビルは建ちません。これらの原材料から、最終の仕上がりである近代的なビルを見れば、まるで魔法のようです。

このように、「全体を設計し、つくり上げて、それが、付加価値を生むものとして最終的に仕上がる」ということが経営なのです。これの見える人が大事であり、そういう人たちをつくっていかなければならないのです。

「現にある資源を使って最終的に何ができるか」ということを構想し、それを実現するには、専門家の集まりだけでは駄目であり、そのための特殊《とくしゅ》な能力が要ります。しかし、この経営担当能力は、この世的に養成しないかぎり、身につかないのです。

人間は、赤ん坊として生まれたときには、そういう能力は持っていません。学校のクラス担任の先生も持っていません。これは、そういう立場に置かれた人のみが、訓練と経験、知識によって身につけていく能力なのです。

そういう能力が必要であるということを知らずに、例えば、「時価総額が一兆円になればよい」などと言うだけでは、やはり崩壊《ほうかい》するしかありません。「そういう能力を高めていかなければならない」ということを知らなければ駄目なのです。

3

経営担当者を育てるには

スペシャリストをゼネラリストに育てていく

当会も実践《じっせん》してきましたが、経営担当者、経営管理者を育てていく上で、いちばん難しいのは、スペシャリスト（専門家）を、ゼネラリスト、すなわち、全体の運営、経営ができる人に育てていくことです。どう考えても、これが、いちばん難しいのです。

新入社員、あるいは、それに近い人が、年数を重ねて一つの仕事を長くやれば、主任、課長、部長などへ上がっていくこと自体は難しくなく、また、あとから入ってきた人を、そのようなかたちで育てることも難しくはないと思います。

ただ、ある部署で十年二十年の経験を経て、部長なら部長という役職を持った人が、他の部署に移ったときに、今の部署でできるレベルの仕事ができるかというと、普通《ふつう》はできないのです。

例えば、営業で部長を張っている人が、製造部門で、すぐに部長を張れるかというと、できません。また、営業部長が、横すべりをして、すぐに人事部長ができるかというと、まず、できないでしょう。

では、人事部長に財務部長ができるかというと、これも苦しいし、財務部長を長く務めた人が、「販売《はんばい》のほうの陣頭指揮《じんとうしき》を執《と》ってくれ」と言われて、すぐにできるかというと、やはり、そう簡単にできるものではないのです。

そういうときに、新しい部署の仕事を身につけるためには、ある程度の地位まで行った人を、いったん、平社員に近いようなところまで戻《もど》さなければなりません。しかし、それは、本人にとって、かなりの苦痛を伴《ともな》うので、組織内では、そういう異動を行うことは、なかなか難しいのです。

ここが、いちばん難しいところです。

今の部署に置いておけば、そこそこ仕事ができて、給料や地位に見合う働きが期待できるのに、その人を、これまでとは違《ちが》うところで訓練しようとすると、本人も苦しみますし、会社のほうにしても、その人の働きは給料に見合わないわけです。また、その人にポストを与《あた》えても、「部下を養成できない」という苦しみもあります。

幾《いく》つかの重要な部門を経験させる

しかし、どうしても全体の経営者に育てていきたければ、やはり、幾《いく》つかの重要な部門を歩かせなければなりません。そうしなければ、全体が見えるようにはならないのです。

その部分では、資源の無駄《むだ》が生じます。経営全体としては一時的にはマイナスが出るのです。給料の面でもマイナスですし、その人のキャリアにとっても人材養成の上でもマイナスです。いろいろな面で、マイナスが一時的に出るのです。

このマイナスに耐《た》えられるか。人を経営管理者に育てていこうとするローテーション、あるいは訓練に耐えられるか。

組織が、さらに成長・発展していけるかどうかは、ここにかかっています。

トップ、あるいは、それに準ずる人たちが、それだけの見識を持っているか。それだけの胆力《たんりょく》を持っているか。そういうシステムによって一時的に無駄が発生するが、それに耐える必要があることを理解しているか。

また、養成されている側の人は、「不慣れな仕事に挑戦《ちょうせん》しなければいけない」という厳しさに耐えられるか。今の部署で課長ができたのに、全然違う部署に行くと課長ができない。しかし、「それをやれ」と言われる無茶なことに耐えられるか。そこに三年いて、「慣れた」と思ったら、また替《か》えられる。これに耐えられるか。

それに耐えて残った人、および、そういうシステムに耐えさせて、人を引き上げていく組織をつくりえた者のみが、組織を発展させて永続性の道に入《はい》らせることができるのです。

常に、より高度な経営管理者をつくっていくシステムを考えないかぎり、成長の限界は必ず来ます。最初はトップに限界が来ますが、やがて、トップからその下へと、順番に、すべての人にやってくるはずです。

その際、やはり、「全体が見えない」ということが、いちばん大きな問題でしょう。

ライブドア事件の場合、堀江《ほりえ》氏自身がコンピュータなどで専門技術を持っていたのは確かでしょうが、彼には、経営者として、もっともっと勉強すべきことがたくさんあったはずです。

例えば、経営そのものの勉強もしなければいけないし、法律も勉強しなければいけないし、そのほかにも、人の養成の方法など、いろいろなものを勉強する必要があったのです。しかし、彼は、そこまではできなかったのでしょう。

彼は、全体の売り上げを増やそうとして、Ｍ＆Ａを盛んに行ったため、入社して一年ぐらいの人に、「その業種の専門家だから」ということで、子会社の社長をやらせたりしました。しかし、そのレベルの人に十分な運営ができるわけはないので、これは無茶苦茶です。このへんが難しいところです。

トップは、時間に耐えながら、人を養成していかなければいけません。また、経営担当者になる人は、組織の枢要《すうよう》なポジションを、しかも、分野が異なり矛盾《むじゅん》するようなポジションを、少なくとも幾つか経験しなければいけません。それを経験して育ってこなければいけないのです。

4 経営担当者に求められる能力

「長期で見る目」と「現在を見る目」の両方を持っているか

重要な観点は、ほかにもあります。

経営担当者になるような人は、「長期で見る目」と「現在ただいまを見る目」とを持ちながら、この両方を調和させる能力を育てなければいけません。

業績の判定に当たっては、一クォーター（三カ月）、半年、一年など、短期的に業績を判定され、「優秀《ゆうしゅう》だ」ということで、給料やポストが上がることは、よくあります。営業系などは特にそうでしょう。こういう短距離走型《たんきょりそうがた》の人は、成果が早く出やすいのです。

ただ、そういう、現在ただいまにだけ目先が向いているような人たちは、短期的な局面では優秀なのですが、長い目で見たときには、残念ながら、経営担当者として不適切な能力を身につける可能性も高いのです。

「十年後をどうするか」という目で考えたときには、短距離走的に見ると必ずしも最短ではないことを、やらなければいけない場合も数多くあります。

例えば、人の養成がそうです。人の養成には時間がかかります。長い時間をかけながら、やらなくてはなりません。

ところが、「今年の前半だけで、これだけの成績をあげるためには、どうすればよいか」と問われれば、誰《だれ》でも、「即戦力《そくせんりょく》になる人ばかりを集めて、成果をあげる」ということを考えます。ベテランを外に出して、新しい人を入れたりすると、全体の能力は必ず下がるからです。

ただ、こうした長期的な視野を持たない人が、全体の経営管理者として育っていくことはないと思われるのです。

また、「長期的な視野を持つ」といっても、単なる夢想家《むそうか》で、「未来は、こうなる」ということだけを言って、ご託宣《たくせん》を垂れているような人でも駄目《だめ》です。

長期に関しては、必ず現在において、すでに根はあるというか、種はまかれているので、「現在やっているもののうち、これについては、五年先、十年先には、このようにしていかなければならない」ということを見なければいけません。

やはり、「現在ただいまにおいても、立派な成果をあげながら、組織の十年後にとって大事な布石を打てる」という人を育てていかなければなりませんし、そういう仕事を形成していかなければならないのです。

ただ、十年後に使えるような仕事を形成していくときには、現在ただいまを全速力で走ることに不適なものが、たくさん生じてきます。それは、人だけの問題ではありません。仕事の内容においても、現在ただいまで測定できないものが、たくさん出てきます。こういうことを考えていく必要があるのです。

要するに、「異業種、異分野という、複数の分野にまたがった見識を持つ人」を育てなければならないのと同時に、「現在ただいまや今年一年など、短期において、ある程度、平凡《へいぼん》でない優秀な成績をあげる技術を知っており、かつ、十年後、二十年後の組織の未来に対して、布石を打っていける人、そういう考えを持っている人」を育てなければいけないのです。

異分野が見える。また、長期と短期を両方とも見ながら、それを融合《ゆうごう》させられる。こういう人を育てなければいけません。これは難しいことです。

もちろん、本人の努力も要《い》ります。しかし、その人が「長期的な目を持っている」ということを、組織として、見てやらなければいけないところもあります。短期だけで判定したら、誰しも、長期のほうは捨てるからです。

経営担当者になるためには、短期と長期の両方の目を持たなければなりません。したがって、短期的な業績をあげると同時に、長期的な構想力を持っている人には、それなりの評価を与《あた》えなければいけないのです。

投資効率の最もよいものを選ぶ傾向《けいこう》を持っているか

経営管理者にとって、「未来の事業をどう育てるか」という目は非常に大事ですが、「何を事業として育て、何をしないか」という選択《せんたく》は、難しい判断になります。

その客観的な指標として、一般的《いっぱんてき》には、「投資効率、投資効果」というものがあります。

資金には、自己資金として内部で持っている場合、すなわち内部留保によって自分でお金をためている場合と、銀行からの借り入れ、社債《しゃさい》や株など、いろいろなかたちで外部から調達する場合と、この両方がありますが、いずれにしろ、例えば十億円なら十億円という資金を持っているとして、「これを何に使うか」ということを考える頭が要《い》るのです。

可能な事業は幾《いく》つかあるでしょうが、「この十億円を、いったい何に使うか」ということを考えて、適切に選択ができるかどうか。これも、経営管理者として非常に重要なポイントです。

客観的に見ると、この十億円が二十億円、三十億円になっていくような使い方、つまり、未来に実を結ぶような使い方のほうを選んでいく傾向《けいこう》を持っている人、そういう選考性を持っている人が、経営管理者としては望ましいのです。

同じ十億円でやれることはたくさんあります。例えば、「宣伝費に使う」「工場の拡張に使う」「海外で資源の新しい調達先を探すことに使う」「人を採用することに使う」など、いろいろな使い方があります。同じ十億円でも、幾らでも使い道はあります。「この十億円を何に投資するか」ということを考えられる人が、大事な人なのです。

そして、投資効率の最もよいものを選ぶ傾向を持っている人が、客観的には望ましいわけです。

逆に、経営管理者として、いちばん望ましくないのは、資金の無駄遣《むだづか》いをするタイプです。内部留保をしていて現にあるお金であろうと、銀行から借りてきたお金であろうと、十億円なり百億円なりのお金を、無駄に使っていくタイプの人が経営管理者の立場にある場合が、いちばん危険です。

それは、往々にして、零細企業《れいさいきぎょう》から大企業に至るまで、あらゆる経営規模の企業で発生します。無駄金を使う人は、経営規模の小さい企業にも大きい企業にもいるのです。

気をつけなければいけないのは、一つは、投資効果によって未来の事業の選択

経営者に求められる能力

1. 全体が見える

・複数分野にまたがった見識を持つ
（スペシャリスト→ゼネラリスト）

2. 長期と短期を融合できる

・短期的な業績をあげつつも、長期的な構想力を持っている
（×単なる夢想家）
（×短距離走型）

3. 投資効果を判断できる

・いちばん投資効果が大きいものを選ぶ選別眼を持っている
（△目先の利益のために資金を使うタイプ）
（×資金を無駄遣いするタイプ）

をするに当たり、その選別眼がない場合です。もう一つは、見栄っ張りというか、虚栄心《きょえいしん》が強いタイプの経営者の場合です。その場合に、やはり、実を結ばない派手なところにお金を使いたがる傾向があるのです。

小さな会社でもそうですが、会社が大きくなってきても、経営者が、有名になることのほうに熱心な場合には、そういうことがあります。人の目を引くようなことにお金を使いたがる一方、現実に大事なことであ

っても、地味なところのほうには、お金を使わないのです。

要するに、未来の事業として、いちばん投資効果が大きいものを選ぶ人が最もよく、逆に、資金の無駄遣いをし、お金を無駄金、死に金にしていくタイプの人が最悪です。

同じ十億円を使って、「とりあえず、これをやったら、これだけになる」というかたちで、目先、いちばん効果があるものにお金を使う人は、その両者の中間あたりにいます。こういうお金は無駄金よりはましです。こうした、目先の利益が出ることにお金を使いたがる人も、存在としては許される範囲内《はんいない》にいますが、視野が狭《せま》く、やや長期構想が足りないタイプです。

経営管理者には、こういう分類があるのです。経営管理者になる人は、自分がどのタイプなのかということを、よく考えなくてはなりません。

百億円なら百億円の資金がポンと入って、予算が付き、「あなたは、これを何に使いますか」と言われたときに、あるいは、一億円なり一千万円なりを与えられて、「何に使いますか」と言われたときに、そのお金の使い道を見れば、その人の経営管理者としての筋《すじ》が見えてくるのです。

これには法則があまりないため、一般に、自分の勘《かん》と好みで使いたがる傾向が強いのですが、客観的には、「投資効果が大きいものは何か」ということを常に選択する目、そういう分析的《ぶんせきてき》で計画的な目が必要です。

このように、組織を長期的に発展させるための考え方は幾つかあるのです。

5 将来のトップ候補を、いかに選ぶべきか

実績と見識・経験の高まりを見て絞《しぼ》り込《こ》む

前節では、「長期で見る目を持たなければいけない」と述べましたが、それと同じ目で、「『十年後の人材』、育てるべき人材は、どの人なのか」ということを、いつも考えておく必要があります。

若い二十代の人から、三十代、四十代、五十代の人までを対象にして、「十年後の人材」については、いつも考えておかなければいけないのです。

ただ、あまり早いうちから、「この人がいける」ということは決められません。

そういうことは、普通《ふつう》はできないものです。ある程度の範囲内《はんいない》で、いろいろな仕事をさせ、異業種、異分野をいろいろと体験させていき、その実績と、見識や経験の高まりを見て、だんだんに絞《しぼ》り込《こ》んでいくスタイルがよいのです。

もっとも、「将来のトップ候補が早いうちから決められる」という組織はあります。それはどこかというと役所です。役所では、従来《じゅうらい》、大学の卒業成績と入省試験の順位で、三十年後のポストが決まるようなことが多かったのです。今はどうか知りませんが、基本的な傾向《けいこう》は現在も残っていると思います。

一方、民間の会社では、一般的《いっぱんてき》に言って、「入社試験で一番の人が、三、四十年後に社長になる」という可能性は、会社の規模が大きくなればなるほど、基本的にゼロに近いのです。小さな会社であれば、そういうことも、ないとは言えませんが、社員が何千人もいる会社、あるいは万単位の社員がいる大きな会社では、二十二歳《さい》ぐらいの段階で行われる入社試験で一番だった人が、三十年後や四十年後に社長になる可能性は、ほとんどありません。

これは、要するに、「入社試験では、社長になるための能力を測れない」ということです。三、四十年後に社長になる能力を、入社試験のペーパーテストや面接で測ることは、ほぼ不可能です。その能力は、いろいろな仕事をやらせてみないかぎり測れないのです。

いちばん選別が早いところは、従来だと、やはり役所です。これは、要するに、「能力を判定する基準を持っていない」ということを意味しています。能力を判定できないので、誰《だれ》もが分かる客観的なもので選別してしまうのです。それは日本銀行も同じです。最初から「プリンス」のような感じで、将来の日銀総裁が決まっていることもあります。公務員などには、そういうところが、わりに多いのです。

民間企業《きぎょう》で役所に近い体質を持っていたのは大銀行です。かなり潰《つぶ》れて統廃合《とうはいごう》をされたため、今は、変わってきつつあると思いますが、大銀行には、わりあい、その傾向があります。

大銀行では、よい学校を卒業し、よい成績で入ってきた人たちのなかから、入社のときに、上位の十人ぐらいをトップ候補として選んでしまうのです。

かつての住友銀行もそうでした。「東大五人、京大五人」というようなかたちで、入社時に十人ぐらいを成績で選んでしまうわけです。そして、その人たちを、あまり傷がつかないような部署に配置し、失敗させないようにして、上げていくかたちだったのです。

しかし、そのように早いうちからトップ候補が決まるところは、ここ十数年あたりで崩壊《ほうかい》してきています。

そういうところは、いわゆる護送船団に近い組織体制であり、能力主義ではありません。そこでは、組織の秩序《ちつじょ》が大事であって、〝村社会〟が壊《こわ》れないように、誰もが納得するかたちで組織を維持し続けていくための論理が働くのです。

ところが、実際には、早い段階では、トップになる能力は測れません。どこでもそうですが、二十二、三歳でトップ候補を選ぶのは、やはり無理なのです。

三十歳《さい》、四十歳、五十歳前後で能力を判定していく

「管理職に上がっていけそうな人かどうか」ということについて、最初は三十歳《さい》ぐらいで一段階目の選抜《せんばつ》があるべきだと思います。次の選抜は、やはり四十歳前後でしょう。四十歳あたりで、「人が使えるような人物として育ってきているか」ということが判定されます。さらにその次は、五十歳ぐらいでしょう。

そして、各年代で要求される能力は、おそらく変わってくるだろうと思います。

三十歳ぐらいまでは、任《まか》された担当の部署において、速くて、正確で、よい仕事ができる、「個人としての能力」が大事でしょう。

四十歳ぐらいまでには、個人としても有能ながら、徐々《じょじょ》に、上と下と横との人間関係を結んでいけるような能力を持たなくてはなりません。「個人の能力」プラス「ネットワーク能力」のようなものが必要になってくるでしょう。それから、その間に経験した、いろいろな部署での実績がついてくるでしょう。

さらに、五十歳ぐらいになると、今度は、「人を育てる能力」のほかに、いろいろな人を使いながら、その人たちの能力を統合し、高い付加価値に結びつけていける、魔術《まじゅつ》、魔法のような力が、だんだん必要になってきます。「経営管理者能力」が極《きわ》めて高くなければいけなくなるのです。そのように視点が変わってきます。

経営管理者になる能力というものは、やはり、比較的《ひかくてき》、先天的なものだろうとは思うのですが、ただ、それを早いうちに判定することは不可能です。

本人の努力や経験、そして実績によってふるい分けていった結果、経営管理者

将来のトップ候補はいかに選ぶべきか

【判定のポイント】

一段階目
30歳——**個人としての能力**
…速くて、正確で、よい仕事ができる

二段階目
40歳——**ネットワーク能力**
…個人として有能ながら、上と下と横との関係を結んでいける

三段階目
50歳——**人を育てる能力＋高度な経営管理者能力**
…いろいろな人たちの能力を統合し、高い付加価値に結びつけていける

実績と、見識や経験の高まりを見て、
だんだん絞り込む

として選ばれた人に、「先天的能力があったのだ」という判定をする以外にないわけです。

あらかじめ選ぶことは、どうしてもできないのです。そのポストに就《つ》けて、やらせてみないと、できるかどうかは分かりません。また、能力のある人であっても、そのポストに就かなければ、それを発揮することはできないのです。

その間、異業種の仕事や実績

のでこぼこ、好調・不調の波などに耐《た》える精神力を、本人が持てるかどうか。また、組織のほうには、「実績のでこぼこはあっても、その仕事を経験させなければいけない」と考えて、その人が失敗しても、それに耐えるだけの包容力があるかどうか。こういうことが大事になってきます。

経営管理者の養成に当たって、本人と組織は、それぞれ、こういう力を持たなければならないのです。

6　組織の発展のために克服《こくふく》すべき課題

大きな組織で起きる「無能の連鎖《れんさ》」

大きな役所や銀行、あるいは、それに匹敵《ひってき》するような大企業《だいきぎょう》の場合、いちばん恐《おそ》るべきこととして、よく「無能の連鎖《れんさ》」というものが起きます。

大きな組織ほど、将棋《しょうぎ》の駒《こま》を積み上げたピラミッドのようなかたちになっていて、「崩《くず》れないように、崩れないように」と、誰《だれ》もが考えます。そして、上の者は、自分の地位を安定的に長く保つために、自分を脅《おびや》かさないような人を下に持ってくるのです。そのほうが楽なので、どうしても、そうなります。

そうすると、これは、どの業種でも見られることなのですが、自分より無能な人を引くのです。「役員は、自分より無能な部長を引き、部長は、自分を脅かさない課長を引き、課長は、自分を脅かさない係長を引く」というようなかたちで、無能な人を引く傾向《けいこう》が、どうしてもあります。

こういう傾向があるのは、企業に勤める人だけではありません。研究者でもそうなのです。

大学の教授や准教授が、自分より有能で、有名になりそうな人を、自分の下で教育したいかというと、そうではなく、やはり嫌《いや》がって、自分のいる大学から、よそへ放り出してしまいます。自分の下に置いておくと、自分が脅かされますし、自分より有名になったら困るからです。

東大でも、そういうことはあるようで、准教授で活躍《かつやく》した人は、だいたい追い出されるようです。研究員から助手、助教《じょきょう》、講師、准教授あたりまでは、上の人に嫉妬《しっと》されないようにする努力が必要で、深く静かに慎重《しんちょう》に研究することが大事なのです。

研究していることを水面下に隠《かく》し、上の人の顔を立てたり、自分の研究を教授と連名で論文にし、教授の実績になるようにしたりと、一生懸命《いっしょうけんめい》、かいがいしく尽《つ》くさないと、だいたい撥《は》ねられてしまいます。

どちらかというと、派手なタイプの人が嫌《きら》われます。自分より無能か、あるいは、おとなしくて目立たず、一生懸命に自分を立ててくれる人のほうを選びたがる傾向が、研究者にもあるわけです。

大きな企業でも同じです。能力のある人は、だいたい、いつの間にか、いなくなって、上の人を脅かさないタイプの人が来るのです。

上の人にとって、いちばん楽なのは、自分の後輩《こうはい》を引いてくることです。そのため、そういう人を連綿と引いてくる場合があります。例えば、同じ大学の同じ学部の後輩、ゼミの後輩、あるいは、何らかの意味で先輩《せんぱい》・後輩の関係になる人を引きたがる傾向があるのです。

また、体育会系の人には、「上に対しては、ペコペコし、下に対しては、厳しい態度を取る」という人がよくいるので、そういう系統の人材を好む場合もあります。

発展する組織を目指すならば、嫉妬心《しっとしん》の克服《こくふく》を

若くて優秀《ゆうしゅう》な人を遠ざけたり、そういう人に嫉妬《しっと》したりしたくなる気持ちは、人間には本能的にあると思います。しかし、発展する組織を目指そうとするならば、そういう部分は克服《こくふく》しなくてはなりません。

そして、発展を目指さない組織は必ず死滅《しめつ》するのです。

「会社の寿命《じゅみょう》は三十年」とよく言われますが、「自分は長く勤めようと思っても、

会社のほうがなくなってしまう」ということが、今は普通《ふつう》です。勤めている会社が三十年も続けばよいほうで、競争の激しい業界やベンチャー系企業の業界では、五年と続かないことも多いのです。

会社の寿命が三十年ということは、なかなか定年までは勤められないことを意味しています。「新卒で入ったけれども、定年まで勤めないうちに、会社が潰《つぶ》れてしまう」というのは、ごく普通のことなのです。

したがって、少なくとも自分が勤めている間は、会社が潰れないように努力しなければいけません。

自分の嫉妬感情を抑《おさ》えるとともに、組織を補強する人材を絶えず入れて、育てていくことです。会社が大きくなっていこうとするとき、そういう組織の遺伝子ができないと、組織は崩壊《ほうかい》に向かっていくのです。つまり、優秀な組織になればなるほど、「嫉妬心をどう克服するか」ということを、人々が文化として共有できなければいけないのです。

また、上の地位に行けば行くほど、より公的な目を持ち、組織そのものの成長・発展を喜ぶ気持ちを持つことが必要です。そうでなければ、自分を脅かさないような人ばかりを引いてしまい、どう見ても会社は左前になっていって、結局、潰れてしまうのです。

役所や銀行と違《ちが》って、比較的《ひかくてき》、個人の能力を重視する商社であっても、会社が大きくなって長くなると、やはり、そのような傾向は出てきます。

私も、若いころ、商社に勤めていたことがありますが、そこでは、優秀さが一定の限度を超《こ》えると、会社にいられなくなる傾向がありました。会社にいるためには、ある程度の範囲《はんい》、例えば百を中心にして九十から百十ぐらいの範囲に入っていなくてはならず、百五十も二百もやろうとする人は、会社にいられなくなるのです。そのため、優秀な人は、やがて退職していきます。独立し、自分で事業を起こすか、もっとよい職を探して転職するのです。

私は、入社して一年目に、「君のような人は、普通は独立する」と言われました。確かに、私は、三十歳《さい》で退社し、独立したので、その言葉は当たりました。

そのように、嫉妬心には、優秀な人に独立や転職を促《うなが》す機能もあるのかもしれません。

ただ、組織を大きくしたければ、やはり、「伸《の》びる人材を、できるだけ引き上げていこう。そういう人を育てていこう」という気持ちを、個人ではなく全体として、つくらなければいけないのです。

どのような人であっても、いずれ会社から身を引くときは来ますが、自分の勤めている会社がなくなってしまうのは、さみしいでしょう。また、企業年金など、各種のフリンジ（付随《ふずい》するもの）がなくなるのも悲しいでしょう。少なくとも、「自分が働いてきた」ということを示すものが全部消えていくのは、さみしいものです。

したがって、組織というものは、嫉妬心などの個人の気持ちを超えて、永続性を目指していかなければならないのです。

7 個人の限界を超《こ》えて発展するための心構え

自分の能力には限界が来ることを知る

さらに、スタープレーヤー、あるいはカリスマの問題もあります。

スタープレーヤーは、目立つし、評判になるし、会社の宣伝になることもあります。

それから、経営者にも、カリスマ性のある人がいます。私がカリスマのことを否定的に言うのは、よろしくないかもしれません。宗教というものは、どこもカリスマが必要なので、カリスマのことを否定的に言うのは、好ましくないのではないかと思います。

ただ、宗教に限らず、それ以外のところでも、個人である以上、カリスマにも能力的な限界が来ます。それは、宗教指導者であろうと、企業《き ぎょう》経営者であろうと、政治家であろうと同じであって、どうしてもそうなのです。

一人で一日に千件も万件も決裁したりすることは不可能です。また、すべての業務に精通することは、やはり不可能です。

したがって、基本的な考え方としては、本人の主観的な意図とは逆に、「自分の能力には限界が来る」ということを前提にしながら、その上で、組織の発展を目指さなければいけません。こういう矛盾《む じゅん》するものを両立させなくてはいけないのです。

業務を分担させて権限を持たせる

では、どうすればよいのでしょうか。

ある意味で能力の限界が来るわけですから、やはり、自分の業務を分担させなくてはなりません。それができなければ駄目《だめ》なのです。「分権制」「事業部制」などのように、業務を分担させて分権をし、権限を持たせないかぎり、全体を大きくすることはできません。個人だけでは、どうしても能力に限界は来るのです。

そして、任《まか》せてみると、意外なもので、けっこう、できるようになることもあります。自分の業務を任せていきながら、トータルで広げられるかどうかが大事なのです。

私も、ここ十数年は、ほとんど、そのようにしています。宗教としては、カリスマは偉大《いだい》なほどよいのですが、現実の仕事という意味で見ると、まったくその逆であって、「自分が普通《ふつう》の人間であってもよいようにするには、どうするか」ということを、いつも考えています。

自分は、仕事がそれほどできないとしたら、どうするか。「今、たまたま自分はできるから、やる」ということではなくて、「自分ができないとしたならば、どうするか。ほかの人でできないか」ということを考えているのです。

つまり、自分をカリスマではなく凡人《ぼんじん》にしていくような考え方をしなくてはいけないわけです。

「自分は凡人であり、普通の人間と同じである。能力に限界があって、何もかもはできない。しかし、組織は大きくしたい」と考えるのならば、やはり、自分ができない分を、ほかの人でやれるようにしていかなければなりません。

その意味では、あえて、自分の主観とは対立するような考え方に立ち、努力して自我を抑《おさ》え、ほかの人に任せていかなくてはならないのです。

私は、そういうことを、常々、肝《きも》に銘《めい》じて、もう十年以上、ずうっと行っています。そうでなければ、どうしても発展しないのです。

これは非常に難しいことですが、おそらく、会社で重役や部長あたりにいる人も、同じように考えているのではないでしょうか。

普通は、「いかに自分の権限を拡大するか」ということを考えます。しかし、自分だけでは仕事がそれほどできないと見て、それでも、「いかにして全体の仕事を大きくしていくか」ということを考えると、やはり、権限を分けながら人を育てていく以外に方法はないのです。

ただ、権限を分けると、バラバラになって全体が分からなくなるので、今度は、「異業種間を渡《わた》りながら、ある程度の分野をまとめていける人、すなわちゼネラルマネージャーを育てていく」という努力を同時にしていかなければならないのです。

このような考え方を持たなければいけないでしょう。

「私は、こうしたい」ではなく、「私たちの仕事とは何か」を考える

「個人の主観と組織としての発展が合わない」ということが、繰《く》り返し何度も起きてきます。

したがって、心を空《むな》しゅうして、瞑想《めいそう》し、「全体的に、どうすべきなのか」という全体観を持たなくてはなりません。

「私は、こうしたい」ということではなく、「仕事そのものが求めていることは何なのか。私たちの仕事とは、いったい何なのか。何が私たちの事業なのか」「それをなしていくためには、どうしなくてはいけないのか」ということを考えるべきです。

実は、「私に何ができるか。私は、どうしたいか」と考える人ではなく、「私た

ちの事業は何であって、それは、どのように運営され、どういう方向に持っていかれなければならないのか」ということを、謙虚《けんきょ》に、心を空しゅうして考えることのできる人が、経験を積んで、経営担当者になっていけるほうがよいのです。

単なる自己実現だけでは無理です。その反対である、無我による全体の発展を目指さなくてはなりません。「心を空しゅうしながら全体の発展を目指していく」という気持ちを持たないと駄目なのです。

上の地位にいる者ほど、新しいことを構想する

特に、自分が持っている仕事や権限ははずしたくないでしょうが、それが、ある程度、見えてきたら、できるだけ、それを部下や他の部門に渡しながら、自分は、常に、新規のこと、新しいものに取り組まなくてはなりません。

自分の仕事の半分を部下や他の部局に渡せば、仕事は半分になります。そのあ

いた部分で、「新しい仕事、新規の事業で、何かできることはないか。もっと付加価値のある仕事はないか。未来に向けた事業は何かできないか」ということを、常に考えていくようにしないかぎり、全体的な発展はないのです。

「自分の持っている仕事を死守する」というかたちでは、組織全体としては必ず死を迎《むか》えることになります。

つまり、上の地位に行くほど、新規の案件以外は持っていないようにしたほうがよいのです。そのためには、ルーティン業務は、仕事のやり方を固めて、できるだけ部下に下ろさなくてはなりません。

当会であれば、局長なら部長に、部長ならチーフに、チーフなら主任に、地方本部長なら支部長に、支部長なら主任に下ろすことが大事です。

また、宗教においては、在家《ざいけ》のボランティアでできることは、ボランティアの方にお任せすればよく、職員でやらなければいけないということはないのです。

ボランティアでできることとは、ボランティアの方に徹底的《てっていてき》にお任せして、職員は、「職員でしかできないこととは何なのか」ということを、いつも考え、そこに絞《しぼ》り込《こ》んでいかなくてはなりません。仕事のやり方を固めて、できるだけ在家の方のほうにお渡ししていくことが必要なのです。

こういうことを常に考えないかぎり、全体的な発展はありません。

上位にある者が、「朝から晩まで働いて、もう、くたくたである。これ以上、どうやって働けばよいのか」という状態では、その人がネックになって、発展はないのです。

上位にある者は、逆に、楽に仕事をしているような状況《じょうきょう》をつくらなくてはいけません。楽に仕事をしていて、手持ち時間があり、ほかの仕事ができるような状況をつくっていくのです。

一見、怠《なま》け者のように見える人が、実は、組織を発展させる人であり、「上位にある者は手が空《あ》いている」という組織が、実は、発展していく組織なのです。

「上にある者が目いっぱい仕事をしていて、下は暇《ひま》で遊んでいる」という状態は駄目です。こういう組織は伸《の》びません。下の人は、仕事がなくて、ぶらぶらしている。上の人は目いっぱいで、もう何もできない。これでは発展の余地はありません。「上の人は倒《たお》れるのみ」ということでは駄目なのです。

したがって、「仕事のやり方を固め、その仕事をほかの人に任せる。自分は時間のあきをつくって、新しいものを常に構想し、常に成長を目指す」という考え方が必要です。

個人としても、そう考え、組織としても、「さらにレベルの高い人材を次々に育てていく」という組織カルチャーをつくることが大事です。

こういうことを心掛けていけば、たとえ、それが、いかなる組織であろうとも、いかなる事業形態であろうとも、発展する可能性は高いと言えます。

個人の限界を超えて発展するには？

前提　自分の能力には限界が来る

①自分の業務を分担させ、権限を持たせる

※ただし、全体がバラバラにならないよう、ゼネラルマネージャーを育てる

②「私たちの仕事とは何か」を考える

※心を空しゅうして瞑想し、無我による全体の発展を目指す

③常に新しいものを構想し、成長を目指す

※そのためには、仕事のやり方を固め、ほかの人に任せることで、時間のあきをつくる

経営に関しては、これ以外に、お金の問題、技術・ソフトの問題など、いろいろな面が検討されなければならないのですが、とりあえず、本章では、人的資源のところに焦点《しょうてん》を当てて、発展する組織について述べました。参考になれば幸いです。

第5章

不況《ふきょう》は、こう迎《むか》え撃《う》て!!

——苦難を勝利に変える努力を

1　事業経営の本質とは

プロには「相手の姿や考え方」が見えていなければならない

本章では、「不況《ふきょう》は、こう迎《むか》え撃《う》て!!」という題で、私の著書『社長学入門』（幸福の科学出版刊　＊左写真）について述べていきます。

一九八六年の十一月二十三日、私は、「幸福の科学発足《ほっそく》記念座談会」を開き、第一声を発しました。それが、私にとって、プロの宗教家への登竜門《とうりゅうもん》でした。

そのときの聴衆《ちょうしゅう》は、わずか九十人ほどでしたが、現在は当会の所有物になっている日暮里酒販《にっぽりしゅはん》会館（現・初転法輪《しょてんぼうりん》記念館）の小さな部屋に、ぎゅうぎゅう詰《づ》めの状態でした。

私は、初めての説法であったため、緊張《きんちょう》してしまい、甲高《かんだか》い声で、早口に大量の話をしました。その後《ご》、法話の録音テープを、いったんは会内で頒布《はんぷ》したのですが、やがて絶版にしました。自分では、あまりの自己嫌悪《じこけんお》に陥《おちい》るため、聴《き》き直すことに耐《た》えられず、一回か二回、聴いたあと、ずっと聴いていなかったのです。

その背景には、「プロは、こんなものではいけない。もっときちんとした話を、論理的にピシッとできなければ、プロではない」という気持ちがあります。

「社長に心掛けてほしいこととして、最初に述べておきたいことは、『社長は〝自家発電〟ができる人でなければいけない』ということです」
（279ページより）
大川隆法
INTRODUCTION TO TOP EXECUTIVE MANAGEMENT
常勝経営を目指して
社長学入門
会社の規模は社長の「器」で決まる。

「緊張している」「あがっている」という状態は、ある意味では、自己中心、すなわち、自分のことを中心に考えていて、聴く人のことを考えていない証拠《しょうこ》です。それは、「まだアマチュアである」ということです。

関心の中心が自分にあって、「自分は緊張している。自分の感情は、こうなっている。自分は、このように見られている」というようなことが気になってしかたがないうちは、まだアマチュアにすぎないのです。

プロであるならば、自分のことよりも、相手の姿や考え方が見えていなければなりません。「自分の話は、ほかの人に、どのように届いているか。どのように感じられているか。ほかの人の参考になるか」というようなことが、冷静に、客観的に見えていなければ、プロフェッショナルとは言えないのです。

現在の私には、「この第一声が何千年かのちまで遺《のこ》るのであれば、まことに申し訳ない。もっと整然とした第一声にしたかった。できれば、やり直したい」という気持ちがあります。

そのような出来であったにもかかわらず、わざわざ交通費をかけて、全国から集まってくださった九十人弱の人が、何とか満足して、「次回は、いつになるのですか」と言って期待してくれたために、幸福の科学の法輪《ほうりん》が転ずるようになりました。その意味では、非常にありがたいことであったと思います。

市場のなかで成果をあげる

私の第一声に関連して、プロとしてのあり方について述べましたが、物事は、すべて同じです。結局、事業というものも、相手があってのものなのです。

そのため、実際に経営をしたことのない学者が書いた、マネジメントの本を読んでも、経営がうまくできるようにはなりません。

「お客さま」「顧客《こきゃく》」など、言い方はいろいろありますが、経営は、あくまでも相手があってのものです。

別の言葉で言うならば、「市場（マーケット）のなかで成果をあげる」ということです。これが事業の本質なのです。

市場のなかで成果をあげるためには、多くの人にとって役に立つような商品や製品、サービス、考え方などを提供して、ある種の賛同、あるいは感動を呼び起こし、その人たちに、繰《く》り返し、「何らかのかかわりを持ち続けたい」という気持ちを起こさせることが大事です。

そうした気持ちを起こす人、要するに、「リピーター」が増えていくと同時に、新しい人、新規の客も増えてくるようなスタイルが出来上がれば、いかなる業種であろうとも、成功せざるをえないのです。

本質は、ここにあります。

事業経営の本質は、ずばり、市場をつかむことにあるのです。

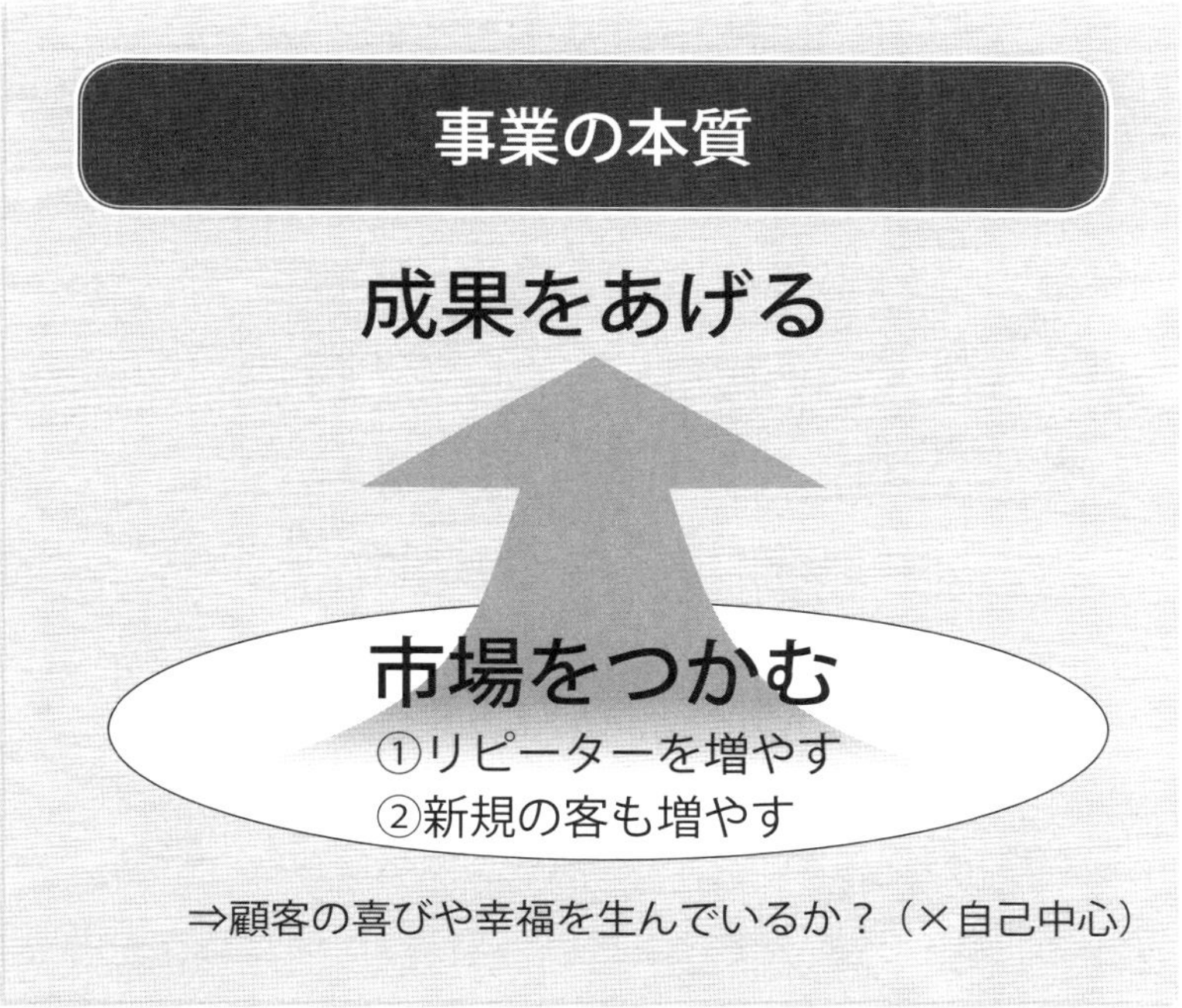
事業の本質
成果をあげる
市場をつかむ
①リピーターを増やす
②新規の客も増やす
⇒顧客の喜びや幸福を生んでいるか？（×自己中心）

そして、市場をつかむために、数多くの会社や店が営業活動を行っているわけですが、市場をつかみ損《そこ》ねているところが数多くあります。

その理由のほとんどは、すでに述べたように、やはり、「自己中心になっている」ということです。

自分中心、自分の会社中心、あるいは、自分の考え中心、社長の考え中心になっていて、

「売っているものや提供しているもの、製品やサービスが、実際にそれを使っている人、消費している人たちに、どのように受け入れられているか。それが喜びや幸福を生んでいるか」ということに対する関心が足りないのです。

そのような会社や店は淘汰《とうた》されていきます。そういう冷厳な事実があるのです。

2　逆風を乗り切れ

不況《ふきょう》であっても、すべての会社が潰《つぶ》れることはない

前述したように、経営者にとっては、本当に厳しい現実があります。

しかし、たとえ、どのような不況《ふきょう》や厳しい経済的事情がやってこようとも、「百年に一度」と言われるような危機的なことがあったとしても、この世において、人間の生活という営みがあるかぎり、「すべての会社、すべての店が潰《つぶ》れる」ということは、絶対にありえません。

すべての事業がストップするときとは、どういうときでしょうか。

例えば、「マヤ暦《れき》では、二〇一二年の冬至の日で暦《こよみ》が終わっているので、そのころに世界の終末が来る」という説を題材にした、「２０１２」という映画がありました。この映画で描《えが》かれた天変地異が起きるようなときには、商売は不可能になるでしょう。

ただ、そういう場合を除けば、たとえ、いろいろな会社や店がバタバタと潰れたとしても、全部が潰れるわけではないのです。

不況期には、世間の目は厳しくなる

ただ、不況期には、世間の目は厳しくなります。人も商品も、いっそうの鑑識《かんしき》眼《がん》によって選別されるのです。

二〇〇九年には、十月の時点で、大学四年生の就職の内定率は六割程度でした。その時期で六割ぐらいなら、かなり厳しいと言わざるをえません。

また、同時期における、有効求人倍率（求職者数に対する、企業《きぎょう》の求人数の割合）も、だいたい四割程度と言われていました。

その後、内定率自体は上昇《じょうしょう》したものの、結局、最終の大学卒就職率は、ここ五年間では最も悪い六割強にとどまったのです（二〇一〇年五月一日時点）。

こうなると、アルバイト程度の仕事に何とかありつけたとしても、すぐにクビを切られることになる可能性が極《きわ》めて高いのです。会社側に余裕《よゆう》はなく、余剰《よじょう》人員を抱《かか》えられるだけの力はなくて、「新しい人が入ったら、別の人に辞《や》めてもらわなければいけない」というのが現状です。

このような厳しい状況下において、温情主義だけで経営していると、会社そのものがなくなってしまいます。「隣《となり》の店が残って、自分の店は潰れてしまう」ということになるわけです。

今、一説では、「日本を代表する企業である、あのトヨタ自動車でさえも、危機を迎《むか》えている」と言われています。「ああいう会社でさえ、銀行の融資《ゆうし》を受けなければいけない時期が来るかもしれない」と言われるほどの危機が、今、やって来ています。

これから、いかなるものが来るのでしょうか。非常に困難なものを感じます。

民主党政権下の日本は〝社会主義体制下での自由経済〟

『社長学入門』の「あとがき」には、次の記述があります。

「自らに厳しくあれ。脇《わき》を引きしめよ。無駄《むだ》な経費は削《けず》れ。しかし、それでも、会社は生き残れまい。どうやって、これからの『鳩山《はとやま》・小沢《おざわ》十年不況』（現在なら、『菅《かん》・仙谷《せんごく》不況』）から抜《ぬ》け出すか。私の頭はそのことに集中している。社会主義体制下の自由経済は、刑務所《けいむしょ》の中の営業の自由と同じで、あってなきが如《ごと》しである。

ただ、いえることは、逆風下でも前進するヨットのように一筋の『商機』に『勝機』を見出し、高付加価値企業を練り上げることだ。遅《おそ》くはなろうとも人々は、間違《まちが》いに気がつき、真のリーダーを発見するだろう。

苦難を勝利に変えるべく、努力せよ。」

以上のような、かなり厳しい檄《げき》を最後に飛ばしています。

自らに厳しくあり、脇を引きしめ、無駄な経費を削っても、「それでも、会社は生き残れまい」と言い切っています。どれほど厳しい状況にあるかが分かると思います。

それは、「個人の努力によって生き延びられる範囲《はんい》の危機と、もっと大きな制度的危機、国家レベルで来る危機とでは、受ける圧力が違う」ということです。

例えば、観潮船《かんちょうせん》のような大きさの船であれば、鳴門《なると》の渦潮《うずしお》を通り越《こ》すことはできます。しかし、それが普通《ふつう》の手漕《てこ》ぎ舟《ぶね》のようなものだと、とたんに危険になります。

企業にも、やはり、危機を乗り越えられるだけの体力というものがあります。したがって、厳しさの上にも厳しさを考えておかなくてはならないわけです。

『社長学入門』の「まえがき」にも、同じようなことが書いてあります。

「しかしこれからの十年は、あたかも鳴門の渦潮の中に引き込《こ》まれる木の葉舟《はぶね》のように、情熱もあり、才能もある企業家が、時代の渦潮の中にのみ込《こ》まれていく姿を数多く傍観《ぼうかん》しなくてはならない悲しみに耐《た》えねばならないだろう。

民意が不幸の未来を選んだ以上、民の苦しみは自業自得《じごうじとく》ともいえよう。

時代はこの国を『全体主義的社会主義』の流れに引きずり込んでいくだろう。

政治体制そのものが、国の没落《ぼつらく》を目指す時、社長は、自らの持つ『真剣《しんけん》』に、毎日手入れを怠《おこた》らないことだ。」

ここでも、厳しい言葉を書き連ねています。

日本の民主党政権の最も怖《こわ》い点とは

『社長学入門』を発刊したのは二〇〇九年の十一月であり、「政権交代後の新しい政治が始まって、三カ月になるかどうか」という時点でした。当時、ほとんどのマスコミは、まだ様子見をしている状態であり、ここまで言い切れるだけの人はいなかったと思います。

しかし、私には、かなりはっきりと見えているものがありました。それは、同年の衆院選の前から見えていたものです。

民主党の小沢一郎氏は、幹事長当時、中国の要人としきりに会っていたようです。そのころ、彼は、中国寄りのほうに、どんどんと進んでいたようですが、体質的には、おそらく今の中国の政治体制と合うのだろうと思います。本当は、あまり民主主義の好きな人ではないでしょう。

そして、今の民主党政権の最も怖《こわ》いところは、実は、「経済が分かっていない」という点なのです。

民主党には、選挙に勝つことが好きな人はいますが、首脳陣《しゅのうじん》は本当に経済が分かっていません。経営や経済が分かっていない人たちが、日本では、今、〝上〟にいるのです。

以前は、それとは逆の立場にいて活動し、人々を養ったり助けたりしていた人たち、アンチ（反）権力の考え方を持っていたような人たちが、今、政権の中枢《ちゅうすう》部《ぶ》にいるので、経営的な考え方とは逆の判断をする可能性が極めて高いのです。

したがって、「かなりの逆風を乗り切っていかねばならない」ということを述べておきたいと思います。

3　中国の今後と日本の使命

中国の「経済」対「政治」の戦いは、どちらが勝つか

中国という国は、今、大きく変わろうとしています。

都市部は、かなり資本主義化しつつあります。

政権の中枢部《ちゅうすうぶ》の人たちも、本当の意味においては、「マルクス・レーニン主義」を信じてはいません。もう、とっくに信じてはいないのです。

しかし、それを捨てると、国全体の体質が崩壊《ほうかい》する可能性があるため、建前《たてまえ》上は捨てないでいます。ただ、もう信じてはいないはずです。

ところが、日本の国のなかには、「マルクス・レーニン主義」という社会主義を本当に信じている人が、まだ、かなり残っています。それは、いわゆる安保世代の人たちです。その人たちが、今、「左」のほうに寄っていっているのです。いずれは、お互《たが》いに、すれ違《ちが》っていることが分かると思います。何年か先、あるいは、長くても十年後ぐらいまでには、「お互いに勘違《かんちが》いしていた」ということが分かるでしょう。

それまでの間に、多くの会社が中国に引きずり込《こ》まれ、残念ながら、不幸な目を見ることがあるかもしれません。

二〇〇九年に、アメリカのオバマ大統領が日本を訪問し、そのあと、ASEAN（東南アジア諸国連合）の首脳と会い、中国にも行きました。

そのとき、オバマ大統領は、中国国内で「四川大地震《しせんおおじしん》」を報じた報道機関に対し、「きちんと報道した。あなたがたは偉《えら》い」というようなことを言いましたが、それには中国当局による監視《かんし》はついていないはずでした。

ところが、「中国では、オバマ大統領のその発言は、完全にシャットアウトされて、報道されなかった。オバマ氏が手書きで書いたものも公表されなかった」と言われています。

中国は、まだ、そのような体制の国です。国家にとって不利であれば、アメリカ大統領の「言論の自由」さえ許さない国なのです。

依然《いぜん》として、そういう中央集権的な強圧的側面が残っているので、この国全体の体制を引っ繰《く》り返すには、都市部と農村部の人口比率が引っ繰り返る必要があります。これは、もうすぐ引っ繰り返るので、その時点で大きな体制変革が起きてくると思います。

最終的な結論として、私は、「中国における『経済』対『政治』の戦いは、経済が勝つ」と見ています。

したがって、「日本は、最終的には危機を乗り切れる」と踏《ふ》んでいます。

要するに、「中国において、資本主義市場経済の恩恵《おんけい》を受けている人の数のほうが増えていったときに、体制は入れ替《か》わる。引っ繰り返る」と見ているのです。

ただ、それまでの間の過渡期《かとき》には、多少、無理難題が出てくるでしょう。

「日本の中国化」と「中国の日本化」が起こる

その間《かん》、日本は、中国に急接近し、思わず知らず、アメリカから距離《きょり》を取ろうとし始めるため、日本の社会主義色がかなり強まってくると思います。これは、戦後の日本に長く潜在的《せんざいてき》にあった〝マグマ〟です。

アメリカで起きた〝サブプライムローンの破裂《はれつ》〟以来、「マルクスの言った恐《きょう》慌《こう》予言が当たった」「一九二九年の大恐慌のようなものがまた起きた」と考え、日本を「左」のほうへと持っていこうとする勢力が、実は、今、政治の中心に、かなり集まってきています。そして、それを支えることでご飯を食べてきたマスコミが、まだ大量に生き延びているのです。

この勢力が、復活しようとして、亡霊《ぼうれい》のように立ち上《のぼ》ってきているわけです。この現象は、もうしばらく続くと思います。

しかし、私は、少なくとも十年以内には、これを終わらせるつもりでいます。しばらくは「日本の中国化」が進んでいくと思われますが、どこかで「中国の日本化」が起きてくるでしょう。逆に中国が日本化してきます。その逆転は、少なくとも、ここ十年以内に、早ければ数年以内に起きてくると思うのです。

本来、日本と中国は、価値観を同じくしていれば、共同で発展・繁栄《はんえい》していくことは可能です。

鳩山《はとやま》前首相が提唱していた「東アジア共同体」構想は、そのままでは非常に危険なものですが、怪我《けが》の功名《こうみょう》ということも、ないわけではありません。

「アジアを一つにしよう」という試みが、お互いの障壁《しょうへき》をなくし、交流を活発化させていくならば、全然予想していなかったような方向に物事が動いていくことはありうると思います。

要するに、情報の開示や公開がなされ、情報に対するブロック体制が破れたときに、まったく未知の方向に事態が流れていく可能性があるわけです。

例えば、ソ連の共産党書記長になったゴルバチョフ氏（のちに初代大統領にも就任）が、「グラスノスチ」（情報公開）を行ったところ、あっという間にソ連が崩壊してしまいました。彼は、そのつもりでは、まったくなかったと思うのです。

ゴルバチョフ氏は、ソ連という体制を残しながら、改良、改革を加えて、よい国にしていくつもりだったのですが、情報公開をしてガラス張りにしたら、短期間で国が壊《こわ》れてしまいました。〝中身〟が見えるようになったら、急速に国が崩壊してしまったのです。

それと同じようなことが、アジアでも、これから、おそらく起きてくるであろうと思います。

日本は「世界の危機を救うためのよきモデル」となれ

そのように、意外に逆転の現象も起きるかもしれません。その方向で努力したいと思っています。

ただ、これからの数年、もしくは十年は、厳しい経済状態が続くことを、ある程度、覚悟《かくご》しておいてください。

しかし、それから先は、絶対に、この国を明るい未来へと導きます。また、アジアのみならず、世界を、そちらの方向に引っ張っていく所存です。

一時期、悪く見えるようなことが起きるかもしれませんが、頑張《がんば》って、沈《しず》まずに、それを乗り切ってください。乗り切ったならば、必ず、その先には、もっと大きな世界が開けてきます。

日本は、「貿易をしている」と言いつつも、ある意味では、「一国鎖国《さこく》主義」をとっていた部分もあると思うのです。「日本の伝統や文化の上にあぐらをかき、均質な〝日本人村〟で、平均以上の、一定レベルの生活を、誰《だれ》もが享受《きょうじゅ》できる」という平等社会を、満喫《まんきつ》していたところがあるのではないでしょうか。

これから、アジア諸国と交流し、この垣根《かきね》が低くなることによって、かなりの乱気流状態が起きると思います。

しかし、そのなかで、目のウロコが落ち、「自分たちが見ていた世界は、決して、自分たちが思っていたような世界ではない」ということも分かってくると思うのです。自分たちが思いのほか幸福な生活をしていたことが、おそらく分かってくることでしょう。

今、世界自体は、悪いものが隠《かく》されている「パンドラの箱」のようであり、

「十億人もの人が飢《う》えで苦しんでいる」という状況《じょうきょう》です。

新興国は伸《の》びていますが、アメリカ経済は衰退《すいたい》し、日本が苦しんでいるなかで、この十億人の飢餓《きが》という「パンドラの箱」の蓋《ふた》が開いたとき、それだけの飢餓人口を救える力が、はたして世界にあるでしょうか。そういう大きなテーマに、これから立ち向かわなければなりません。

ただ、私は、日本は日本で一つのモデルを提示すべきだと思っています。

みなさんは、これから、苦しむことになるでしょう。

しかし、その間《かん》、その苦しみが、アジアやアフリカ、その他の国々にとって、さまざまな経済的危機や政治的危機を乗り越《こ》え、前に進んでいくための、よきモデル、よきテキストとなるように、努力していただきたいと考えています。

4 「幸福の科学的経営論」の重要ポイント

「学習する組織」ができれば、どのような時代にも生き延びられる

『社長学入門』の第1章「幸福の科学的経営論」には、十七の経営手法が書いてあります。

この経営論では、専門のレベルで見ても、かなり高度な理論化ができています。これだけのポイントを抽出《ちゅうしゅつ》して理論化するのは、なかなか難しいことなのです。

私は経営関係の本もよく読みますが、ここまでまとめられているものは見当たらないと思います。

「幸福の科学的経営論」17の経営手法

①　**知力ベース・マネジメント**
……学習する組織を目指す

②　タイムベース・マネジメント――仕事速度を重視する

③　**イノベーションを恐れない**
……「異質なものの結合」「体系的廃棄」

④　弱者の兵法、強者の兵法

⑤　**絞り込みの理論**（集中の法則）
……資金や優秀な人材、社長の時間等をフォーカスする

⑥　**波状攻撃の理論**
……一つのピークが下がるまでに、次の波を準備する

⑦　ＰＲの理論

⑧　マーケティング理論――顧客重視

⑨　商品力の重視――研究開発を怠らない

⑩　「浅く、広く、長く」の理論

⑪　手金理論――ダム経営的発想

⑫　トップダウン方式

⑬　実力主義人事――敗者復活方式

⑭　分権理論

⑮　階層排除の理論

⑯　リストラ理論――仕事の大胆な整理

⑰　手堅さと大胆さ（結論）

このなかには、さまざまなヒントが隠《かく》されていることでしょう。

ただ、全部について述べるのは難しいので、特に重要な点を簡単に説明します。

「幸福の科学的経営論」の一番目は「知力ベース・マネジメント」です。

ここには、「学習する組織を目指す」と書いてありますが、これが、この部分の中心です。

「どのような時代が来ようとも、学習する組織としての会社、あるいは学習する個人としての社長、すなわち、いつも学び続ける姿勢を取っている会社および社長は、生き延びる可能性が高い」ということだけは確実に言えるのです。

したがって、自分の個人的な関心を超《こ》えて、できるだけ幅広《はばひろ》い視野を持ち、これから近未来に起きそうなことや、他の業界、他の国で起きていることなどに、関心を持つようにしてください。

例えば、政治に関心を持つだけでも、視野が広くなる面は確実にあります。自分の会社のことだけを考えていた状態を脱《だっ》して、外国との関係や、日本の国内でうまくいっていないことにまで、少し目が向くようになると思います。そして、「国レベルの政策等も自分の会社に影響《えいきょう》してくる」ということが見えてくるでしょう。

これからは、政治や経済、国際問題等も勉強しなければ、会社として大きくなることはもちろん、生き延びることも難しいのです。そのことを知っていただきたいと思います。

したがって、「学習する組織をつくり上げる」ということは非常に大事です。そういう組織ができれば、何とか生き延びることができるでしょう。

「イノベーションの姿勢」を持ち続けよ

「幸福の科学的経営論」の三番目には、「イノベーションを恐《おそ》れない」と書いてあります。

イノベーションには二種類があります。

一つは、経済学者のシュンペーター流の、「異質なものの結合」という面でのイノベーションです。

例えば、水素（H）と酸素（O）が結合すると、水（H_2O）という、まったく違《ちが》うものができます。水素は「燃えるもの」ですし、酸素は「燃やすもの」ですけれども、そういう燃え上がるものが、水という、火を消すことができるものをつくり出します。まったく違うものができるわけです。

そのように、異質なものの結合によって新しいものができるのですが、そういう創造がイノベーションの原型の一つです。

もう一つのイノベーションは、経営学者のドラッカー風の「体系的廃棄《はいき》」です。これまで成功してきたやり方、仕組みなどを体系的に廃棄するのです。

この「体系的」というところが大事な点です。「いったん御破算《ごはさん》にしてしまう」ということです。その上で、「もう一度、考え直してみる」ということを行わなければなりません。

「『今まで、これでうまくいったから』という考え方を、そのまま維持《いじ》していたのでは、時代に取り残されるおそれがある。今までのやり方などを体系的に廃棄することがイノベーションだ」というのがドラッカーの主張です。

イノベーションとしては、この二つがあります。これは両方とも実際にあることなので、私としては、両方に目を向けていただきたいと思います。

幸福の科学は、「この不況期《ふきょうき》、逆境期を、新しい創造によって勝ち抜《ぬ》き、生き抜いていこう」と考えています。

われわれは、今までにないことを考え、言い、行動し、発明し、新しい事業モデルを発信していきます。今までになかったような、新しい商品やサービス、事

二種類のイノベーション

異質なものの結合 （シュンペーター）	異質なもの同士を結合させることによって、新しいものをつくる
体系的廃棄 （ドラッカー）	これまで成功してきたやり方、仕組みなどを、いったん御破算にする

業をつくり出していきます。そういう時代風潮をつくり出していきたいのです。

その意味で、私の著書『創造の法』（幸福の科学出版刊）は、日本の危機を救うものになると思います。

「水素と酸素が水になる」という現象は、実験でもしないかぎり、信じることはできません。考えられないことだからです。しかし、実際に実験してみると、そうなるのです。

そのように、「異質なもの同士を結合することによって、新しいものをつくる」「これまでのやり方を正反対に考え直してみる」というようなことを実行してみなければいけない時期が来ているのです。

幸福の科学は、「創造」ということ、「新しいものをつくり出す」ということについて、徹底的《てっていてき》に研究し、さまざまなことを提唱していきます。経済面や経営面においても、外交面や政治面においても、新しい発明を世に提示していきたいと考えています。

この「イノベーションの姿勢」を、みなさんの会社も、どうか持ち続けてください。

苦しみの時期には、「絞《しぼ》り込《こ》みの理論」を

「幸福の科学的経営論」の五番目には、「絞《しぼ》り込《こ》みの理論（集中の法則）」があります。

企業《きぎょう》体力が弱っていて苦しんでいるときには、この絞り込みの理論、いわばフ

ォーカス理論を使わなければなりません。

人間は、何か一つに力を集中したときに、最大の力を発揮することができます。いろいろな能力をマルチ（多方向）に持っている面もありますが、基本的には、同時に多数のことはできません。いちばん力を入れてやれるものは一つなのです。

したがって、今、苦しんでいるのであれば、「最重要の課題や商品、事業、サービスは何か」ということを考えて、そこにエネルギーをフォーカスすることです。会社の資金や優秀《ゆうしゅう》な人材、社長の時間などを、そこにフォーカスして、困難を乗り切っていくことが大事です。

いろいろなことを同時にやっているように見えることはあっても、本当は、各個撃破《げきは》でなければ勝てるものではないのです。

「波状攻撃《こうげき》の理論」で各個撃破《げきは》を行う

幸福の科学は、いろいろなことを同時にやっているように見えますが、実際には、そうではありません。実は、「幸福の科学的経営論」の六番目である「波状攻撃《こうげき》の理論」を使っているだけです。

そして、経営において、「波状攻撃の理論」を使い、次から次へと〝波〟を起こしていくと、周りからは、いろいろなことを同時に数多くやっているように見えるのです。

当会は、例えば二〇〇九年には、夏に衆院選を戦ったかと思えば、十月に映画「仏陀再誕《ぶっださいたん》」（製作総指揮・大川隆法）の全国一斉《いっせい》公開を行いました。そして、その映画の上映期間が終わるころになると、幸福の科学学園の認可が下り、十二月に、その学園のＰＲを始めました。

「なぜ、そのようなことが同時にできるのか」と驚《おどろ》く人もいるでしょう。確かに、それらは時期的には重なって進行していました。

しかし、実際には「波状攻撃の理論」でやっているため、起きている波の時期が、それぞれ違います。要するに、すでに仕掛《しか》けてあることが順番に外に現れてきているだけであり、波で言えば、波頭が順番に出てきているだけなのです。

複数のことを同時にやっているわけではありません。各時期にやっているのは一つひとつ別のことです。

特に、今の時期には、企業がいたずらに多角化をするのは危険です。外からは多角化をしているように見えたとしても、実際には、「次々と波を起こしていく」という波状攻撃の理論に立って、一つひとつ戦っていくことです。そのときそのときで最も重要なものに力を入れ、各個撃破《げきは》をしていくことが大事なのです。

ただ、外からは、いつまでたっても延々と戦っているように見えるでしょう。常に次の波を用意しているため、「もし最初の戦いで敗れても、次の戦いが出てくる。それに敗れても、また次の戦いが出てくる」というかたちになるからです。

こういうことがありえます。これも知っておいてください。

成長した企業は、みな、この波状攻撃の理論、すなわち、「次々と波を起こしていく」という方法を知っています。

なぜなら、物事には必ずピークがあるからです。

どんな商品やサービスであっても、どんな人気番組であっても、必ずピークがあります。ピークになるまでは大丈夫《だいじょうぶ》ですが、ピークが来ると、売り上げなどが下がってくるので、その前に、「次の波」を準備しておかなければいけません。

そして、ピークが来て前の波が下がり始めたら、次の波を起こし、それを上げていかなければならないのです。

当会が製作する映画を例に取ると、私は、早ければ公開の六年ほど前に、だいたいの原案をつくっています。それぐらい準備は早いのです。映画「仏陀再誕」に関しては私の大学生の息子たちが手伝ってくれましたが、その映画のアイデア、原案は、彼らが小学校ぐらいのときに、もうつくってありました。

そのように〝仕込み〟が非常に早いのです。映画が公開されるのは、もっとあとになりますが、仕込み自体はかなり早くから行っているわけです。

実は、二〇二〇年代に公開する予定の映画まで、すでに計画してあります。その程度までの波を次々と起こせるよう、順番に用意してあるのです。

そのように、本当に力を出すためには、一つのことに集中しなければなりません。それを忘れないでください。

「いろいろなことを器用かつ同時にやっているように見せすぎると、潰《つぶ》れてしまうことがある」ということを知っておいていただきたいと思います。

5 デフレに勝利する道

「デフレ即不況《そくふきょう》」ではない

『社長学入門』の第2章「経営のためのヒント」では、第1節で、「デフレについての正しい考え方」を述べています。

二〇〇九年十一月に、当時の菅《かん》直人副総理・経済財政担当相が提出した月例経済報告では、「緩《ゆる》やかなデフレ状況《じょうきょう》にある」と明記されましたが、「ちょっと間《ま》の抜《ぬ》けた話だな」と私は思いました。

日本は、一九九〇年代から、ずっとデフレ基調です。ときどき、ややインフレ気味になることもありますが、だいたいはデフレなのです。

彼らがどれだけデフレを理解しているかは分かりませんが、「デフレ即不況」ではないことは知っておいてください。デフレと不況は、「デフレだから不況なのだ」というかたちでイコールなのではありません。

ところが、経済記者でも、「デフレ」イコール「不況」と思っている人は多いのです。

要するに、「インフレであれば、物の値段が上がり、売り上げも増えていくので、経済は成長する。一方、デフレであれば、物の値段が下がり、売り上げが減っていくので、経済は縮小していく」と単純に考えやすく、専門家というか、経済記事を書いている人でも、そのようなことを書きがちなのです。

しかし、必ずしも、そうとは言えません。物の値段が上がっていけば、売り上げが増えるかというと、必ずしも増えないのです。売り上げは、「単価」掛《か》ける

単価　×　個数　＝　売り上げ

インフレ ……物の値段が上がる（単価↑）
→売れる個数が減れば、
売り上げも減る

デフレ ……物の値段が下がる（単価↓）
→売れる個数が増えれば、
売り上げは増える

「個数」なので、単価が上がっても個数が増えなければ、売り上げが増えるわけではないのです。

デフレとは、物の値段が下がる傾向《けいこう》のことですが、単価が安くなっても、売れる数が増えれば、売り上げは増えます。したがって、「デフレ即不況」とは言えないのです。

もちろん、デフレになると潰《つぶ》れるところはあります。ただ、インフレでも潰れるところはあります。弱いところが潰れるのは、デフレでもインフレでも同じです。逆に、伸《の》びるところは、どちらであっても伸びるのです。

デフレ下でも、伸《の》びている企業《きぎょう》はある

二〇〇九年の十一月に、ユニクロは全国の店舗《てんぽ》の約半数で朝の六時から大安売りを行いましたが、銀座店には前日から人が並び、開店時には二千人以上の列になっていて、「千葉から始発で来たのに、もう、欲しいものが手に入らないのか」と言う人が出るほどでした。

ユニクロは、そのとき、ものすごい安売りを仕掛けていて、千円台の商品を六百円にしたりしました。なかには十円の商品もあったようです。

また、「先着の百名様には、ユニクロの一号店オープンのときと同じく、牛乳とアンパンを配ります」という宣伝をしました。そして、夜中に人が並んでいるところを、きちんと取材させていたので、なかなかやります。

やはり、流行《はや》るところは流行るのです。（ただ先行きは厳しいだろう。）

ちなみに、当会の、ある信者が経営している企業《きぎょう》が、テレビ番組で二十分ほど特集を組まれたことがあります。私は、それを見て、「すごいな」と思いました。不況期であっても、やはり、売れているものはあるわけです。

その企業の社長は、「よく売れる順に、品数を絞《しぼ》って大量に仕入れ、値段を下げて売っているので、これだけ売れるのです」と説明していました。

それは、「幸福の科学的経営論」で、きちんと教えている内容です。「当会の経営論をよく勉強し、実践《じっせん》することによって、成功する」ということを実証してくれた、ありがたい例だと思います。ある年には前年より二十数パーセントも売り上げが伸《の》びたそうですが、立派です。実際に成功例が出ているわけですから、「幸福の科学的経営論」をばかにしてはなりません。

商品やサービスをよくしながら値段を下げていき、シェアを取る

デフレ下では、一般《いっぱん》に、物の値段が下がっていくので、買うほうからすれば、それはうれしいことです。

したがって、もし消費者の購買意欲《こうばいいよく》をそそることができれば、「デフレ」イコール「不況」とはなりません。物の値段が下がっても、購買意欲が下がらなければ、「デフレ好況」というものは十分にありうるのです。

デフレ下で、消費者の購買意欲をそそるような企画や商品、売り方、サービスなどを工夫すれば、十分に生き延びることができますし、よそが潰れていくなかで、シェアを取っていくことさえできるのです。

ただ、安売り合戦になった場合には、一般に、体力の強いところが勝ち、体力の弱いところは敗れるので、気をつけなければいけません。これは知っておいて

ください。

安売り合戦でライバルを潰しておいてから、値上げに入るような企業がたくさんあるので、このへんの兼《か》ね合いは、よく見ておいたほうがよいと思います。

体力が強いところには、どうしても勝てないことがあります。例えば、広い範《はん》囲《い》での戦いがそうです。

戦争においても、関ヶ原のような広い所で戦うと、大軍のほうが有利なので、人数の少ないほうは狭《せま》い範囲のなかで戦うのが基本です。狭い範囲であれば、少ない人数でも戦えるからです。

それは、『社長学入門』の第1章に書いてあるように、「桶狭間《おけはざま》のような狭い所で戦う」ということです。

織田信長軍は二千人か三千人だったと言われているのに対し、今川義元軍は、その十倍ぐらいの軍隊だったのですが、長蛇《ちょうだ》の陣《じん》を敷《し》いていたため、大将である

義元の周りには三百人ぐらいしか兵がいませんでした。そのため、義元が休憩《きゅうけい》しているとき、そこに二千人で襲《おそ》い掛かったら、大軍が相手でも勝てたのです。

同じように、すべての面で戦えば勝てなくても、どんな大手百貨店や大手スーパーにも、弱い部分は必ずあるので、その弱い部分に対し、自分のところの強みをぶつければ、大きい相手を破ることはできるわけです。

そうした「弱者の兵法」も十分に知っておいたほうがよいでしょう。

これからの時代を生き延びるのは、なかなか難しいことですが、「商品やサービスをよくしながら値段を下げていき、シェアを取る。占有率《せんゆうりつ》を上げて勝つ」という方法が一つあるのです。

高付加価値商品をつくり出す

もう一つの方法は、高付加価値商品をつくり出すことです。高付加価値のもの

で、これまで、この世に存在せず、誰《だれ》も見たことのないようなもの、あるいは、あっと驚《おどろ》くようなものをつくり出すことができれば、その人は、イニシアチブ（主導権）をとることができます。

そういうものを、インスピレーショナブルな人が考えつき、新しく始めれば、ほかのところがまねをするまでの間に、そうとうな利益を確保することができるのです。

例えば、私は、スケルトンタイプの腕時計《うでどけい》を持っています。これは、時計の内部にある歯車を見せるだけで、普通《ふつう》の時計の十倍か、それ以上の価格で売られています。もちろん、そういう時計をつくるためには、ある程度の技術が要《い》るのだろうと思います。

しかし、普通に考えれば、「なかに入っているものを外に見せる」というのは格好が悪いことです。「時計が、ぜんまい仕掛けで動いているところ、ぜんまい

がグルグル回っているところを、外から見られる」というのは恥《は》ずかしいことなので、文字盤《もじばん》で隠《かく》すのが普通でした。

ところが、その考え方を引っ繰《く》り返し、「内部構造を外に見せてしまう」という〝骸骨時計《がいこつどけい》〟が、けっこう高い値段で売れているのです。

ただ、そういう時計を他社もつくるようになると、単なるスケルトンだけでは勝てなくなります。次の段階としては、内部構造に、さらなる美しさを求め、より美しい骸骨時計をつくらなければならなくなってくるのです。

すなわち、イノベーションの上に、さらにイノベーションをかけていかなければならないわけです。

もっとも、ほかがまねをするまでの間には、先行利益を確保することができます。その期間に、「いずれは追いつかれる」と見て、次の手を考えておかなければいけません。

「顧客《こきゃく》のニーズがあるものは残る」ということは一つ言えますが、高付加価値のものをつくった場合、実は、「〝この世になくてもよいもの〟ほど高く売れる」ということも一つの法則なのです。

なくてもよいものを持つ人は、お金が余っている人です。あるいは、変わった人か、目立ちたい人か、「ほかの人が持っていないものを持つ」ということを喜んでいる人です。

そういう人に売ることができれば、高付加価値のものを世に出すことができます。そのためには、ほかの人が持っていないようなもの、あるいは、必要がないようなものをつくることです。

例えば、時計の文字盤には、普通は一時間ごとに数字か目盛りが入っているものですが、なかには、三時間ごとにしか目盛りがない時計もあれば、目盛りそのものがない時計もあります。

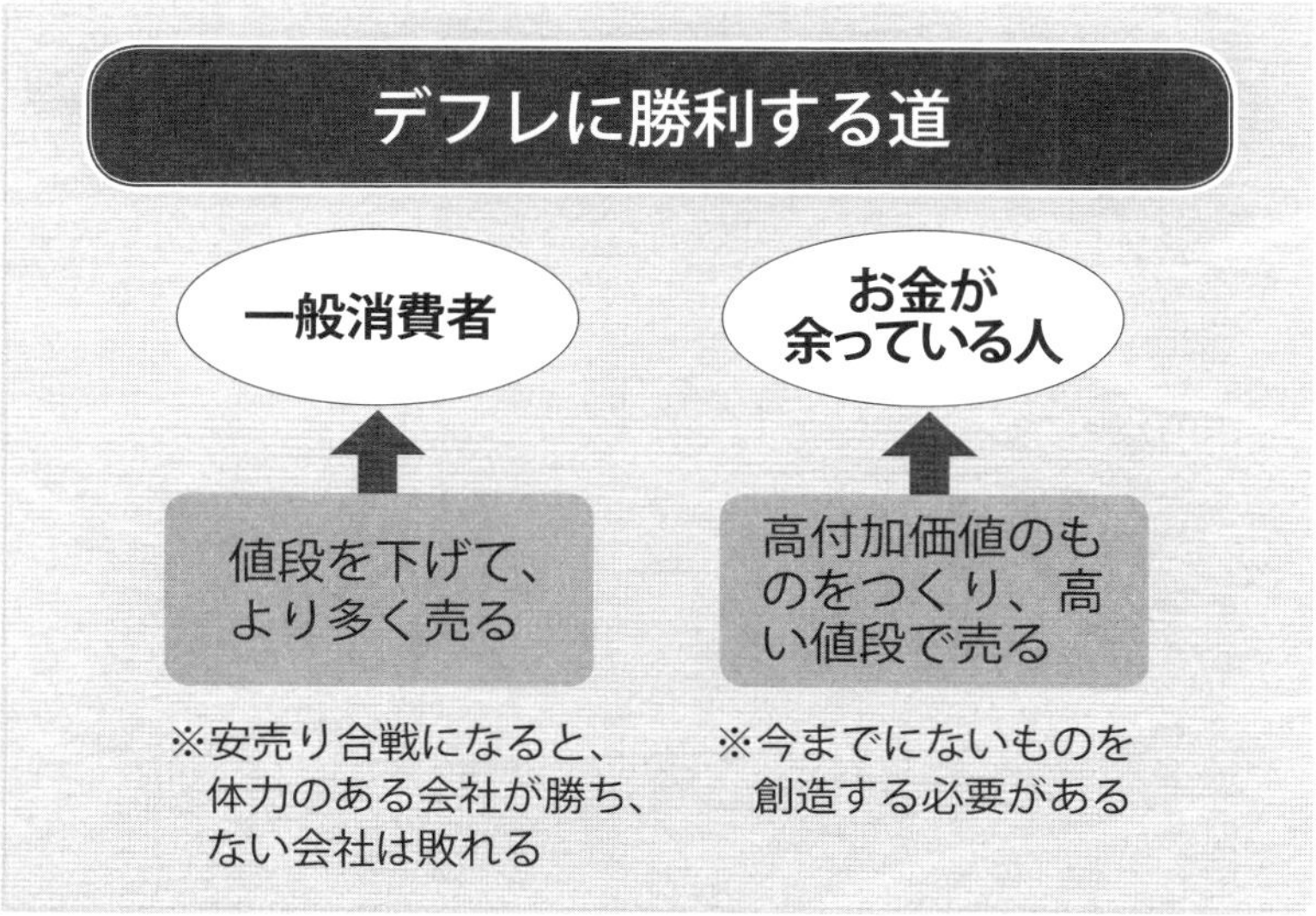
デフレに勝利する道
一般消費者
お金が余っている人
値段を下げて、より多く売る
高付加価値のものをつくり、高い値段で売る
※安売り合戦になると、体力のある会社が勝ち、ない会社は敗れる
※今までにないものを創造する必要がある

今は、そのように、いろいろなことを考えつく時代なのです。しかも、そういうものが、けっこう売れるのです。

「こんなことは、ありえない。時刻が分からない時計など、売れるはずがない」と思うのは素人《しろうと》の浅はかさであり、「ほかの人は『時刻が分からない』と思っているが、持っている本人には、時刻を知るために、どこを見ればよいかが分かる」というような時計が売れたりするわけです。

ほかの人がまだ十分に開発し切れていないものを、先行して開発してしまえば、それについては、高付加価値商品として利益をあげることができます。

このように、デフレ下で生き延びるためには、「商品をよくしながら値段を下げていき、シェアを取る」という方法と、「高付加価値の商品をつくり出す」という方法があります。

大きくは、この二通りが、デフレに勝利する道なので、どうか頭に入れておいてください。

6　ゴールデン・エイジを目指して

本章の最後に、幸福の科学の信者である経営者のみなさんに対して、特に述べておきたいことがあります。

幸福の科学は宗教ですが、私は、『社長学入門』の各章を見れば分かるように、経営学を説くことができます。大学で経営学の授業をすることもできるでしょう。

「幸福の科学で経営学など説かなくてもよい」と考える人もいるかもしれませんが、実は、説かなければ困るのです。

なぜなら、幸福の科学の信者が経営者であるような、いわば幸福の科学系企業《きぎょう》が大発展することによって、幸福の科学もまた大発展するからです。幸福の科学系の企業が大発展し、勝ち続けることで、教団も強くなり、宗教本来の力が、もう一段、加速してくるのです。

そのため、「幸福の科学系企業に発展していただきたい」という強い思いを私は持っています。みなさんの会社が発展すれば、みなさんの会社の社員も喜びますし、みなさん自身も自己実現ができます。また、教団も強く発展し、真理を押《お》し広げることができるのです。

これも、一つのイノベーションと言えばイノベーションです。

幸福の科学は、よそがやらないことにも、平気で、いろいろとチャレンジしています。

例えば、塾《じゅく》や学園（幸福の科学学園中学校・高等学校）までつくり、「塾の推《すい》薦《せん》で学園に入学できる」という仕組みを編み出しました。これも、一般的《いっぱんてき》には、ないことです。「そんなやり方が、あってよいのか」というのは普通《ふつう》の考え方です。通常、塾と学校とは別のものでしょう。しかし、当会にとって塾や学園は〝本業〟ではないため、素人《しろうと》の強みで、それも「あり」なのです。

塾で仏法真理を学んでおり、態度がよく、通常の勉強もよくできる人は、学校にも安心して進める。これもまた一つのイノベーションでしょうし、発明と言えば発明です。

このように、幸福の科学は、いろいろなことを行っているのです。

幸福の科学系企業の経営者のみなさんには、不況《ふきょう》を迎《むか》え撃《う》ち、ぜひ、「ゴールデン・エイジ」をつくっていただきたいと思います。

どうか粘《ねば》りに粘ってください。

そして、みなさんは、単独で戦うのではなく、どうか、お互《たが》いに助け合うような強いネットワークを全国につくってください。

不況のときや、「いざ」というときに助け合えるような強い力を持てば、一社だけで戦うよりは強いわけですし、もし政治的に逆風のような状態が起きても、生き延びることができると思います。

共に助け合うカルチャーもつくっていきましょう。

あとがき

会社の将来を背負って立つビジネス・エリートや、起業家、経営者は、本書一冊を熟読《じゅくどく》することで会社の倒産を未然に防げるだけでなく、「未来への一手」を確かに摑《つか》むことだろう。

実戦経営学の本質が、新進の宗教家によって説かれるということは、まことに不思議なことであるが、人類幸福化を理想としている私にとっては、あまりにも当然すぎることである。

本音《ほんね》の経営論である。座右《ざゆう》の一書とされたい。

二〇一〇年　十月六日

幸福《こうふく》の科学《かがく》グループ創始者兼総裁《そうししゃけんそうさい》　大川隆法《おおかわりゅうほう》

説法日一覧

第1章　未来創造のマネジメント
（原題『創造する経営者』①講義）
二〇〇一年八月三十一日説法
東京都・総合本部にて

第2章　デフレ時代の経営戦略
（原題『創造する経営者』②講義）
二〇〇一年九月四日説法
東京都・総合本部にて

第3章　大きな仕事をこなすコツ
二〇〇三年三月十一日説法
東京都・総合本部にて

第4章　発展する組織について
二〇〇六年三月十四日説法
東京都・総合本部にて

第5章　不況は、こう迎え撃て！！
二〇〇九年十一月二十三日説法
東京都・東京正心館にて

『未来創造のマネジメント』大川隆法著作参考文献

『経営入門』（幸福の科学出版刊）
『社長学入門』（同右）
『創造の法』（同右）

未来創造《みらいそうぞう》のマネジメント――事業の限界を突破する法――

2010年11月10日　初版第１刷

著　者　　大《おお》川《かわ》隆《りゅう》法《ほう》

発行所　　幸福の科学出版株式会社

〒142-0041 東京都品川区戸越１丁目６番７号

TEL(03)6384-3777

http://www.irhpress.co.jp/

印刷・製本　株式会社サンニチ印刷

落丁・乱丁本はおとりかえいたします

ISBN978-4-86395-075-7 C0034

経営入門

人材論から事業繁栄まで

A5判　約390ページ（函入り）

経営者に求められるマインドとスキル

9,800円

本書の内容

第一部　人間学から見た経営

第１章　商売繁盛のコツ――顧客に感動を与えるサービスとは

第２章　「将の将たる器」となるためには――天命を生かし切る人材論

第二部　経営者の器量

第１章　小さな会社の社長へのメッセージ
――トップの能力を最大に伸ばす考え方

第２章　常勝のリーダーシップ論――社員千人以上の企業へ発展する方法

第三部　発展・繁栄の秘訣

第１章　経営入門
――経営担当者の持つべき８つの心構え

第２章　事業繁栄のコツ
――厳しさに耐え抜いてこそ事業は発展する

第３章　経営のコツ
――高付加価値を創造する経営者の心得

あなたに幸福を、地球にユートピアを——
宗教法人「幸福の科学」は、
この世とあの世を貫く幸福を目指しています。

幸福の科学は、仏法真理《ぶっぽうしんり》に基づいて、まず自分自身が幸福になり、その幸福を、家庭に、地域に、国家に、そして世界に広げていくために創られた宗教です。

すべての人々を救い、幸福に導くために説かれた大川隆法総裁の法話は千回を超え、そのなかには、現代の経営者やビジネスリーダーに向けた発展・繁栄の教えも数多くあります。

大川隆法総裁は、かつて、インドに釈尊《しゃくそん》として、ギリシャにヘルメスとして転生《てんしょう》し、人類を導かれてきた主エル・カンターレという御存在です。そして現代の日本に下生《げしょう》され、救世の法を説かれているのです。

主を信じる人は、どなたでも幸福の科学に入会することができます。あなたも幸福の科学に集い、本当の幸福と成功をつかみませんか。

幸福の科学の活動

●全国および海外各地の精舎《しょうじゃ》、支部・拠点等において、大川隆法総裁の御法話拝聴会、反省・瞑想《めいそう》等の研修、祈願などを開催しています。

●精舎は、日常の喧騒《けんそう》を離れた「聖なる空間」です。心を深く見つめることで、疲れた心身をリフレッシュすることができます。

●支部・拠点は「心の広場」です。さまざまな世代や職業の方が集まり、心の交流を行いながら、仏法真理を学んでいます。

幸福の科学入会のご案内

◆精舎、支部・拠点・布教所にて、入会式にのぞみます。入会された方には、経典《きょうてん》「入会版『正心法語《しょうしんほうご》』」が授与されます。

◆仏弟子としてさらに信仰を深めたい方は、三《さん》帰誓願式《きせいがんしき》を受けることができます。三帰誓願式とは、仏・法・僧の三宝《さんぽう》への帰依《きえ》を誓う儀式です。

◆お申し込み方法等については、最寄りの精舎、支部・拠点・布教所、または左記までお問い合わせください。

幸福の科学サービスセンター
TEL 03-5793-1727
受付時間　火〜金：一〇時〜二〇時
　　　　　土・日：一〇時〜一八時

大川隆法総裁の法話が掲載された、幸福の科学の小冊子（毎月1回発行）

月刊「幸福の科学」
幸福の科学の
教えと活動がわかる
総合情報誌

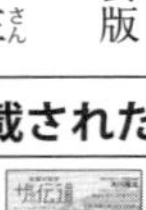

「ザ・伝道」
涙と感動の
幸福体験談

「ヘルメス・エンゼルズ」
親子で読んで
いっしょに成長する
心の教育誌

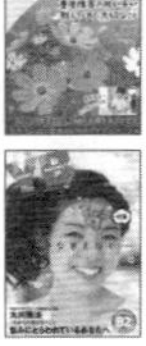

「ヤング・ブッダ」
学生・青年向け
ほんとうの自分
探究マガジン

幸福の科学の精舎、支部・拠点に用意しております。詳細については下記の電話番号までお問い合わせください。

TEL 03-5793-1727

宗教法人 幸福の科学 ホームページ　**http://www.happy-science.jp/**